Das Buch Tobias

EINLEITUNG

Das Buch Tobias gehört zu den deuterokanonischen Büchern, d. h. es zählt nicht zum Kanon der hebräischen Bibel. Die Alte Kirche nahm es erst nach einem gewissen Zögern in ihr offizielles Kanonverzeichnis auf. Der Hauptgrund für dieses anfängliche Schwanken war – neben dem Fehlen des hebräisch-aramäischen Originals – der mehr erbauliche Inhalt des Buches.

1. Enstehung und Überlieferung

Die Tobiasgeschichte ist weder ein Werk aus der assyrischen (8./7. Jh.) noch aus der christlichen Zeit (1. Jh.), wie früher bisweilen behauptet wurde. Die meisten Gründe sprechen für eine *Abfassung im 3. Jahrhundert v. Chr.:* Wenn die Schrift in assyrischer Zeit verfaßt worden wäre, so hätte sie sicher in den jüdischen Kanon Aufnahme gefunden. – Die Verwirrung der Namen und chronologischen Angaben läßt an eine den geschilderten Verhältnissen ferne Zeit denken. – Die Kapitel 13 und 14 setzen die Zerstörung Jerusalems, des Tempels und die babylonische Gefangenschaft voraus. 14,5 weiß offenbar von dem im Jahre 515 eingeweihten bescheidenen Tempel des Serubbabel. – In jüngere Zeit weist die streng gesetzliche Einstellung, vor allem die stark herausgestellte Abgabe des Zehnten an die Priester und Leviten in Jerusalem. – Das Buch zeigt manche inhaltliche und terminologische Berührung mit der späteren Weisheitsliteratur, z. B. Tob 12,9 = Sir 3,30: »Mildtätigkeit sühnt Sünde.« – Eine zeitliche Grenze für die Spätansetzung ist dadurch gegeben, daß das Buch 1) die Verpflichtung zur Verwandtenehe betont, die im 1. Jahrhundert v. Chr. nicht mehr beachtet wurde, 2) den Prachtbau des herodianischen Tempels noch nicht kennt, der im Jahre 9 v. Chr. eingeweiht wurde, 3) in der Qumrangemeinde (1. Jh. v. Chr.) bereits vorhanden war, 4) nirgends eine Andeutung von den Kämpfen der Makkabäerzeit macht (167-129) und 5) nicht auf die Teilung in die beiden Parteien der Pharisäer und Sadduzäer anspielt (um 150).
Früher sah man in Tobit oder Tobias den *Verfasser des Buches;* zur Begründung verwies man auf den Ich-Stil in 1,1-3,6 und den Auftrag des Engels zur Niederschrift in 12,20. Heute wissen wir, daß es sich hierbei um literarische Formen handelt, die einen Rückschluß auf den wahren Verfasser nicht erlauben. Das einzige, was wir sagen können, ist, daß der Autor *ein Jude war.*

Der *Ort der Abfassung* ist *unbekannt.* Möglicherweise ist der Schauplatz des Buches, die östliche Diaspora, auch seine Heimat. Freilich weist das Jerusalem-Lied des 13. Kapitels mehr auf Palästina.
Die *Ursprache* des Buches war sicher semitisch, wohl eher *aramäisch* als hebräisch. Dafür sprechen Tobias-Fragmente aus der Höhle 4 von Qumran, eins in hebräischer und vier in aramäischer Sprache.
Die ältesten erhaltenen Fassungen des ganzen Buches sind griechisch geschrieben und liegen in *drei Überlieferungen* vor: 1) der *sogenannte Vulgärtext, eine Kurzform,* die durch die Handschriften B und A, also den Codex Vaticanus und den Codex Alexandrinus, bezeugt ist. Ihm schließen sich die meisten alten Übersetzungen an. Dieser Text liegt auch unserem Kommentar zugrunde, 2) die *Langform* des Codex Sinaiticus, von der die altlateinische Übersetzung abhängig ist, 3) eine *Mittelform,* dargestellt durch drei andere spätere Handschriften. Hieronymus hat nach seinem eigenen Zeugnis das Buch Tobias aus einer »chaldäischen« Vorlage übersetzt. Der enge Anschluß an die altlateinische Übersetzung ist allerdings nicht zu verkennen.

2. Literarische Gattungen und Vorbilder

Das Buch Tobias gehört zu den literarischen Kunstwerken der Bibel. Seine Erzählung ist voll spannender Momente, feiner psychologischer Schilderung und lebensvoller Wirklichkeit. Sie ist als Familiengeschichte reichlich mit *Ermahnungen, Gebeten, Hymnen und Weisheitssprüchen* ausgestattet und gehört der Rahmengattung *Novelle* an. Niemand hält heute noch an dem streng geschichtlichen Charakter des Buches fest, obgleich der Verfasser von den Verhältnissen der östlichen jüdischen Diaspora seiner Zeit ein einigermaßen wirklichkeitsgetreues Bild zeichnet. Mit der *Chronologie und Geographie* geht er allerdings *frei* um. So erlebt z. B. der alte Tobit in seiner Jugend noch das Schisma des Jerobeam (925), wird 722 deportiert, und sein Sohn Tobias stirbt erst nach der Zerstörung von Ninive (612). Als unmittelbarer Nachfolger des assyrischen Königs Salmanassar wird Sancherib genannt, d. h. die Regierung Sargons ist übersprungen. Weiterhin kennt der Verfasser den Perserkönig Xerxes I. (485-465), bringt ihn aber mit dem Untergang Ninives in Verbindung. Die Städte Rages und Ekbatana liegen 360 km voneinander entfernt, nach Tob 5,6 sind es nur zwei Tagereisen.
Der Autor hat sich bei der Abfassung seiner Novelle sicherlich an den *heiligen Büchern* seines Volkes inspiriert. Die Josephsgeschichte und die Reise des Abrahamknechtes (Gen 24) haben ihm *Vorbilder und Themen* geliefert. Vor allem aber sind es die eigentlichen Gesetzesbücher, die ihn bis in die äußere Formgebung hin beeinflußt haben. So lehnt sich z. B. das Gebot von Tob 4,14a, den Lohn eines Menschen

sofort auszuzahlen, an Lev 19,13 und Dtn 24,15 an. Tob 6,13 bezieht sich auf die Heirat eines Mädchens, das zu Erbbesitz gelangt ist. Die Gesetze darüber finden sich in Num 27,8 und 36,8. Der Verfasser ist auch mit den Propheten und der Weisheitsliteratur vertraut. Amos und Jona werden zitiert (2,5; 14,4), in den Zukunftsschilderungen der Kapitel 13 und 14 finden sich Anklänge an Jesaja, Jeremia und Haggai. Offenkundig und zahlreich sind die Berührungspunkte mit den Sprüchen und Jesus Sirach.

Der Erzähler hat auch *fremde Überlieferungen* seiner Idee dienstbar gemacht. An vier Stellen erwähnt er Achikar, einen Neffen des Tobit; in 14,10 hat er die Moral der Geschichte von Achikar und dessen Neffen bzw. Adoptivsohn Nadan zusammengefaßt. Die *Weisheit Achikars* ist ein apokryphes Werk, das schon im 5. Jahrhundert v. Chr. den Juden der Nilinsel Elephantine bekannt war. Es hat die Form einer Erzählung, an die eine größere Spruchsammlung angeschlossen ist. Achikar, Kanzler der Assyrerkönige Sancherib und Asarhaddon wird von seinem Neffen Nadan, den er in aller Weisheit unterrichtet hat, verleumdet. Er wird zu Tode verurteilt, aber von den Henkern gerettet und verborgen gehalten. Als der König aber den Verlust eines solchen Ratgebers bedauert, erhält er Achikar lebend zurück. Nadan stirbt aus Ärger darüber.

Auch Motive aus *Märchen und Folklore* scheinen sich in der Tobiasgeschichte niedergeschlagen zu haben. Hier wäre vor allem zu denken an: 1) das Motiv von den sieben Bräutigamen oder Brautführern, die alle in der Brautnacht sterben müssen, 2) den heidnischen Volksglauben an dämonische Wesen (vgl. Lev 17,7; Jes 13,21; 34,14), die man durch – nach magischen Rezepten zusammengestelltes – Räucherwerk vertreiben kann, 3) den Zug, daß die Bestattung eines Toten Glück bringt und 4) die Erklärung einer Krankheit, hier des grauen Stars, durch eine einfache, auf der Ähnlichkeit zweier Dinge beruhende Ideenassoziation.

3. Theologischer Lehrgehalt

Das Hauptthema des Buches läßt sich treffend mit Röm 8,28 formulieren: »Wir wissen auch, daß mit denen, die Gott lieben, Gott in allem mitwirkt zum Guten, mit denen, die nach seinem Ratschluß berufen sind.« Der Autor will aufzeigen, *wie Gottes Vorsehung den gerechten Israeliten wunderbar führt.*

Gott ist der große, ewige König und Vater. Er ist gerecht und barmherzig. Er bestraft die Sünder durch läuternde Prüfung, er verzeiht ihnen aber auch und schenkt dem Gottesfürchtigen Segen, Glück und langes Leben. Gottesfreundschaft und Unglück sind auf die Dauer nicht denkbar. Die Frage nach einer jenseitigen Vergeltung wird nicht gestellt.

Gottes gütiges Wirken spiegelt sich in der Tätigkeit des *Engels*. Dieser ist – wie in anderen alttestamentlichen Büchern (Gen 24,7.40; 28,12; Ex 23,20; 33,2) – Weggeleiter und fürbittender Vermittler. Er trägt einen Namen und gehört einer bestimmten Engelgruppe an (vgl. Dan 12,1; 10,13; 8,16; 9,21; Jes 6,2). Daß sich Erscheinung und Dienst des Engels im Tobiasbuch auf eine beispiellos lange Zeit erstrecken, mag mit der unterhaltenden, novellenartigen Erzählung zusammenhängen.

Gottesfurcht und *Frömmigkeit des Israeliten* zeigen sich in seinen Gebeten, die Ausdruck seines vertrauenden Glaubens sind, in treuer Gesetzesbeobachtung und in wahrer Nächstenliebe. Im Tobiasbuch spricht sich eine hochstehende Auffassung von Ehe und Familie aus, Gattenliebe und Pietät gegen Vater und Mutter werden besonders herausgestellt. Die Werke der leiblichen Barmherzigkeit, wie die Hungernden speisen, die Nackten bekleiden und die Toten begraben, nehmen einen hervorragenden Platz ein. Einhalten der Speisevorschriften, Fasten, Almosen und Pilgerfahrt werden als Wesenselemente dieser jüdischen Frömmigkeit gepriesen.

AUSLEGUNG

Überschrift (1,1f)

Der Verfasser stellt die Hauptperson der Erzählung kurz vor: Tobit – der Name bedeutet ›Jahwe ist gut‹ – gehört dem Stamme Naphtali an und kommt aus Tibe, das wohl 20 km nordöstlich von Samaria zu suchen ist. Unter dem Assyrerkönig Salmanassar V. (727-722), dem Zerstörer des Nordreiches Israel, wurde er zwangsweise ›umgesiedelt‹.

Der gesetzestreue Tobit wird geprüft (1,3-3,6)

1,3-9 In der Form des ›Ich-Berichtes‹ schildert Tobit zunächst seine *Gesetzestreue in der Heimat:*

1) Er hat nicht dem Stierbild des Baal geopfert – verächtlich nennt er es »Kalb des Baal«.

2) Er »allein« ist zum Jerusalemer Tempel gepilgert, um seine Zehntpflicht zu erfüllen. Gemäß Dtn 14 hat er zusätzlich einen »zweiten Zehnten« verkauft und einen »dritten Zehnten« für die Armen aufgebracht.

3) Er hat keine fremde Frau, sondern eine Angehörige seiner Sippe geheiratet.

1,10-22 Auch in der Verbannung zu Ninive am Tigris *bleibt er gottesfürchtig und dem Gesetz der Väter treu:* Er gibt Almosen, speist die Hungernden, kleidet die Nackten und beobachtet die jüdischen Speisegesetze. Gott belohnt ihn dafür. Ähnlich wie andere jüdische Fromme (Daniel, Mordokai) kommt er am Königshof zu Ansehen, er wird Intendant und Hoflieferant. Als solcher reist er nach Medien und hinterlegt in Rages, 13 km südöstlich von Teheran, die stattliche Summe von 10 Silbertalenten = 342 kg. Als König Sancherib (705-681) Juden verfolgen und töten läßt, bestattet Tobit ihre Leichen, damit sie nicht die Beute wilder Tiere und Vögel werden. Er wird deswegen angezeigt, verliert sein Vermögen und muß fliehen. Nach Sancheribs Ermordung kann er zu seiner Frau Anna und seinem Sohn Tobias zurückkehren.

2,1-3,6 Eine *zweite Prüfung* trifft ihn: er hat nachts wieder einen toten Glaubensbruder begraben. Anschließend legt er sich an der Hofmauer schlafen; Tobit will nämlich sein Haus nicht durch die Berührung mit der Leiche verunreinigen, und er ist zu müde, um in der Dunkelheit noch eine religiöse Waschung vorzunehmen. In dieser Nacht *erblindet er.* Der Verfasser sieht die Ursache der Erblindung im warmen Vogelkot, der aus einem Nest in seine Augen gefallen war. Tobit wird arm, und Achikar, der Sohn seines Bruders, der zu einer hohen Stellung am assyrischen Königshof gelangt ist, unterstützt ihn. Bald aber muß Achikar – vielleicht weil er bei seinem König in Ungnade gefallen ist – nach der Elemais abreisen, der Landschaft zwischen Tigris und persischem Golf mit der Hauptstadt Susa. Tobits Frau muß jetzt durch Weben für den Lebensunterhalt sorgen. Weil sie einmal neben ihrem Lohn ein Ziegenböcklein mit nach Hause bringt, kommt es zu einer hitzigen Auseinandersetzung: Tobit verdächtigt seine Frau des Diebstahls, und sie wirft ihm Sündhaftigkeit als Ursache seines Unglücks vor. Wegen dieser Schmähung nimmt Tobit seine Zuflucht zum Gebet: Gott möge ihn zur ewigen Stätte, d. h. ins Grab, gelangen lassen. Mit 3,6 endet der ›Ich-Bericht‹.

Sara wird geschmäht und betet (3,7-15)

Das Stichwort ›Schmähung‹ in Tobits Gebet läßt den Verfasser von einer anderen Schmähung erzählen: Die Jüdin Sara im fernen Medien wird von ihren Mägden geschmäht, weil sie schon sieben Freier durch den Tod verloren hat. Der Volksglaube vermutet dahinter einen »bösen Dämon«, denn das bedeutet der aus dem Persischen stammende Name Asmodaus. Auch Sara betet um ihren baldigen Tod, zumal in ihrer Verwandtschaft niemand mehr da ist, der sie sich als »Erbtochter« erhalten müßte.

Tobits und Saras Gebete werden erhört (3,16f)

Die beiden Verse nehmen kurz vorweg, wie der »Große« (= Name für Gott) Tobits und Saras Gebete erhört durch die Sendung Raphaels.

Tobit schickt Tobias nach Medien (4,1-5,23)

4,1-21 Tobit erteilt seinem Sohn Tobias *Weisheitslehren.* Er solle seine Eltern einmal – wie es schon Brauch bei den Erzvätern war – in einem gemeinsamen Grab bestatten. Almosengeben bringe ihm zweifachen Segen: Hilfe, wenn er selbst in Not geraten sollte, und Bewahrung vor der Gottesstrafe eines frühen Todes. Als ›Prophetenkind‹, d. h. als Nachkomme der Patriarchen, solle er eine Frau aus der Verwandtschaft heiraten, sonst treffe ihn für seinen Hochmut Hunger und Not. Er solle die Werke der leiblichen Barmherzigkeit üben, unter denen V 17 das Leichenmahl zum Trost der Hinterbliebenen erwähnt. *5,1-23* Sodann *sendet Tobit seinen Sohn* mit dem Schuldschein zu Gabael *nach Rages* in Medien, um das dort deponierte Geld abzuholen. *Tobias findet als Reisegefährten den Engel Raphael,* der aber unerkannt bleiben möchte und sich daher als Azarias, des Ananias Sohn, ausgibt. Diese beiden Namen dürften symbolisch zu verstehen sein: ›Jahwe hilft‹ und ›Jahwe ist gnädig‹. Neben dem Unterhalt wird der übliche Tageslohn von einer (attischen) Drachme vereinbart, die im Wert einem römischen Denar gleichkommt. Eine Zulage wird in Aussicht gestellt, falls sie gesund zurückkehren. Ein besonders feiner Zug der Erzählung findet sich in V. 17: Der Leser weiß, daß Tobits Abschiedswunsch »Gottes Engel möge mit euch ziehen« bereits in Erfüllung gegangen ist. Zur dichterischen Kleinmalerei gehört die Erwähnung des begleitenden Wachhundes. Tobias' Mutter Anna aber macht ihrem Gatten Vorwürfe, weil er den Sohn fortgeschickt hat, der bei ihnen »aus- und eingeht«, d. h. der sie unterstützt und bedient. Sie würde gern auf das Einbringen des Geldes verzichten und es als Lösepreis für ihren Sohn opfern, wenn er nur bei ihr bliebe. Tobit tröstet sie mit seinem Glauben an den schützenden Engel.

Auf der Reise zeigt Raphael seine Fürsorge (6,1-19)

6,1-9 Tobias erlebt ein *Abenteuer mit einem Fisch.* Der Dichter verlegt es in eine Ideallandschaft am Tigris. Es ist müßig, den Reiseweg Tobias' und des Engels näher zu bestimmen oder zoologische Angaben über die Art des Fisches machen zu wollen. Das Erschreckende und Sonderbare dieser Szene kommt stilistisch durch die übertrieben-gegensätzliche Redeweise zum Ausdruck: Der Fisch will einerseits Tobias verschlingen – muß also sehr groß sein –, doch andererseits kann Tobias ihn »packen« und »ans Land werfen«. Sie weiden den Fisch aus, braten und »essen ihn«. Herz, Leber und Galle heben sie auf als Heilmittel für Menschen, die von Dämonen geplagt oder mit Hornhautflecken behaftet sind.

6,10-19 An einem anderen Abend nähern sie sich Rages, einer Ortschaft bei Ekbatana. Sie wollen bei Raguel, einem Verwandten des Tobias, übernachten. *Der Engel macht Tobias auf Raguels Tochter Sara aufmerksam.* Nach Num 36,8 muß jedes Mädchen, das in einem israelitischen Stamm zu Erbbesitz gelangt, einen Mann aus dem Geschlecht seines väterlichen Stammes heiraten, damit der Erbbesitz nicht von einem Stamm auf einen anderen übergehe. Tobias habe hier, so meint der Engel, gleichsam eine *Heiratspflicht*, und Raguel werde als gesetzestreuer Israelit sicher keine abschlägige Antwort geben, zumal nach Dtn 7,3f Gott die Verheiratung der Tochter mit einem heidnischen Mann durch Vernichtung bedroht. Tobias aber hat von dem eifersüchtigen dämonischen Liebhaber des Mädchens gehört, der schon sieben Freier getötet habe. Er möchte sein Leben erhalten, allein schon wegen seiner alten Eltern. Doch der Engel muntert ihn auf mit dem Hinweis auf Fischherz und -leber als Mittel gegen den Dämon. Auch habe Gottes Vorsehung von Ewigkeit her Sara für ihn bestimmt.

In Ekbatana heiratet Tobias Sara (7,1-8,21)

7,1-17 Die *gastliche Aufnahme bei Raguel und seiner Frau Edna* wird vom Verfasser auf echt orientalische Weise dargestellt. Die Funktion des Brautwerbers übernimmt der Engel. Raguel gibt sein Einverständnis zur Heirat, führt Sara zu Tobias und schreibt den Ehevertrag, der durch das Siegel Rechtskraft erhält. Nach einem Festmahl soll Edna das »andere Gemach« herrichten; hiermit ist das Brautgemach gemeint für das andere = zweite von jetzt an im Hause lebende Ehepaar. Dann »fängt« Edna die Tränen ihrer Tochter »auf«, d. h. sie tadelt Sara nicht, sondern spricht ihr Mut zu mit dem Hinweis auf den gütigen Gott.
8,1-9 Tobias befolgt in der Brautnacht den zweifachen Rat des Engels: 1. Er *verbrennt Herz und Leber des Fisches,* so daß der Duft des Räucherwerkes den Dämon vertreibt nach den »oberen Gegenden Ägyptens«. Der Verfasser denkt hier offensichtlich an ein Eingreifen Gottes und seines Engels, das als Wirkung eines auch sonst gegen böse Geister angewandten Mittels erscheint. Die »oberen Gegenden Ägyptens« sind Symbol für öde, menschenleere Orte, an denen Dämonen niemandem schaden können. Die Machtlosigkeit des Dämons wird noch gesteigert durch die vom Engel vorgenommene Fesselung.
2. Tobias *betet um den Segen Gottes* für die eheliche Gemeinschaft. Sara bekräftigt durch »Amen« das Gebet ihres Mannes.
8,10-21 Raguel schaufelt ein Grab, um im Falle eines Unglücks Tobias unauffällig bestatten zu können. Er fürchtet sich, selbst einen Blick ins Brautgemach zu werfen und dabei etwa den Tod des Schwiegersohnes feststellen zu müssen. Er schickt deshalb eine Magd voraus. Die frohe Kunde der Magd läßt Raguel einen *Hymnus* anstimmen. Zu Beginn des Hymnus fordert er alle Geschöpfe zum Lobpreis auf, vornehmlich aber Gottes Engel, und die »Heiligen« und »Auserwählten«, d. i. das Volk Israel. Im Hauptteil führt er die Gründe für seinen Lobpreis an, und zum Schluß bittet er um Gesundheit und Freude für das junge Paar. Raguel beschwört Tobias, nicht – wie üblich – sieben, sondern vierzehn Tage lang Hochzeit zu feiern, und er verspricht ihm die Hälfte seines Vermögens.

Der Engel reist zu Gabael (9,1-6)

Dem Erzähler kommt es darauf an, den von Tobit beabsichtigten eigentlichen Zweck der Reise wenigstens zu erwähnen: die *Abholung des* bei Gabael hinterlegten *Geldes.* In erzählerischer Freiheit verkürzt er darum den Weg zwischen Ekbatana und Rages; normalerweise wären für Hin- und Rückreise 24 Tage erforderlich. Der Engel reist im Auftrag des Tobias nach Rages und empfängt dort die Geldbeutel mitsamt den Siegeln, was zugleich ein Beweis dafür ist, daß Gabael die anvertraute Summe unversehrt zurückgibt. Beide treffen noch rechtzeitig zur Hochzeit in Ekbatana ein.

Tobit und Anna sorgen und freuen sich (10,1-11,19)

10,1-7 Der Schauplatz der Erzählung ist wieder Ninive. Tobit sucht sich durch vernünftige Überlegung die Verzögerung der Rückkehr seines Sohnes zu erklären, während seine mehr zu Leidenschaftlichkeit und Verzagtheit neigende Frau Anna ihn bereits für tot hält.
10,8-14 In Ekbatana bittet Tobias Raguel, nach Ninive ziehen zu dürfen. Durch diese Bitte erkennt er die Autorität seines Schwiegervaters an. Raguel und Edna entlassen ihre »Kinder« mit liebevollen Mahnungen. Ednas Abschiedswunsch verrät die Freude der Israelitin am Kindersegen.
11,1-19 Als die Karawane in der Nähe von Ninive ankommt, eilen Tobias, der Engel und der Hund voraus; sie wollen so heimkehren, wie sie weggegangen sind und das Haus auf den festlichen Empfang der Braut vorbereiten. Dazu gehört vordringlich die *Heilung des blinden Vaters.* Tobias streicht ihm gemäß der Anweisung des Engels die rohe Fischgalle in die Augen, und die Ätzwirkung heilt die Hornhautflecken, so daß Tobit wieder sehen kann. Nach einem Dankgebet, in dem – für den Glauben des Verfassers kennzeichnend – auch die Engel erwähnt werden, begrüßt Tobit seine Schwiegertochter. Neben dem allgemeinen Willkommensgruß preist er die Eltern der Braut und nicht zuletzt den allwirkenden Gott. Bei allen Brüdern, d. h. den Genossen der Diaspora von Ninive, herrscht Freude, und zum siebentägigen Hochzeitsfest bzw. zur Feier des Einzugs der jungen Frau in das Haus ihres Mannes erscheinen auch der aus der Elemais zurückgekehrte Achikar und sein Neffe Nadan.

Der Engel offenbart sich (12,1-22)

Nach der Hochzeitsfeierlichkeit beauftragt der gewissenhafte Tobit seinen Sohn, für die Entlohnung Raphaels und die versprochene Zugabe Sorge zu tragen. Tobias bietet Raphael die Hälfte seines Besitzes an, was in damaliger Zeit als ein Zeichen außerordentlicher Anerkennung galt. Doch anstatt das Angebot anzunehmen, *offenbart ihnen Raphael* heimlich und in aller Behutsamkeit *sein eigentliches Wesen.* Zunächst fordert er sie zu öffentlichem Gottbekenntnis auf, einer für den Diasporajuden vorrangigen Äußerung des Glaubens. Er begründet die Wichtigkeit mit einem Weisheitsspruch: die königlichen (= hohen) Geheimnisse der Weisheitsspekulation sind nicht für jedermann da, die göttlichen Werke aber muß man überall künden. Die folgenden Darlegungen Raphaels nehmen Bezug auf Tobits »gerechten« Lebenswandel: sein Gebet, Fasten, Almosengeben und Totenbegraben. Sie führen zum *Kernpunkt der ganzen Erzählung: Der Gerechte wird vom »heiligen« Gott belohnt!* Raphael berichtet dann von seiner Vermittlerrolle bei Tobit und Saras Gebet und seiner Zeugenschaft bei den Bestattungen. Mit dem Hinweis auf Tobits und Saras Heilung offenbart er seinen Namen Raphael (= Gott heilt). Er gehört zu den sieben bevorzugten Engeln – den Begriff Erzengel kennt das Alte Testament nicht –, welche die Gebete der Heiligen, der Mitglieder des Gottesvolkes, vor den Herrn bringen. Die Siebenzahl ist wohl symbolischer Ausdruck für ihre besondere Stellung innerhalb der Engelwelt. Auch die persische Religion kennt sieben höchste Geister, und der persische König ist von den sieben höchsten Hofbeamten umgeben (vgl. Est 1,14; Esr 7,4). Daß Tobit und Tobias bestürzt zu Boden fallen, ist Äußerung ihrer natürlichen Scheu vor allem Überirdischen. Der Engel erklärt sein irdisches Dasein als eine Erscheinung und fordert zum Lobe Gottes auf, von dem auch er seine Sendung habe. Die Niederschrift der Erzählung führt der Verfasser auf den ausdrücklichen Wunsch des scheidenden Engels zurück.

Tobit fordert in Liedern zum Lobe Gottes auf (13,1-18)

13,1-9 Das Lied ist nicht – wie man vielleicht erwartet hätte – ein Dank für die gnadenreiche Führung, die Tobit an sich und seiner Familie erfahren hat. Es ist vielmehr eine allgemeine *Aufforderung zum Lobpreis des Gottes,* der – bildlich gesprochen – ins Totenreich hinabführt und wieder heraufführt, *der* also *aus äußerster Not errettet.* Selbst die Zerstreuung unter die Heiden hat – neben dem Strafcharakter – den positiven Sinn, Gott dort zu rühmen und somit die wahre Gotteserkenntnis zu verbreiten. In V. 6f wird die Bekehrung positiv als Übung der Wahrheit gekennzeichnet und die auf sie folgende Heimkehr schon als Wirklichkeit gesehen. Auch der Beter selbst hat eine Mission an »seinem Volk von Sündern«: Er will die nicht mehr gesetzestreuen Israeliten bekehren zum »König des Himmels«, wie der Dichter mit einem dem Tobiasbuch eigentümlichen Ausdruck sagt.

13,10-18 Es folgt ein *Lied mit dem Thema »Jerusalem«.* Auch diese Stadt des heiligen Gottes mußte seine Strafgerechtigkeit erfahren in der Zerstörung von Stadt und Tempel (»Zelt«) und in der Verschleppung seiner Bewohner in die babylonische Gefangenschaft (586 v. Chr.). Doch der Dichter ist überzeugt, daß der frühere Zustand, soweit er noch nicht erreicht ist, in weitaus herrlicherer Weise wiederhergestellt werde. Wie die Propheten Jesaja und Micha sieht er Heidenvölker nach Jerusalem pilgern. In echt alttestamentlicher Art spricht er ein Fluch- und Segenswort zum Schutz der Stadt aus. Er fordert zur Freude über die Rückkehr der Gefangenen auf. Er schildert den Wiederaufbau der Stadt in überschwenglicher Redeweise, indem er die Bauleute Gold und buntfarbene Edelsteine aus Ophir (an der Küste Abessiniens) verwenden läßt. Den Ausklang bildet ein Jubelruf der glücklichen Stadt selbst. Ihre Gassen (= Bewohner) singen das aus den Psalmen bekannte »Halleluja«.

Tobit und Tobias erreichen ein hohes Alter (14,1-15)

Der sterbende Tobit gibt Tobias und seinen Kindern *weise Ratschläge:* 1. sie sollen nach Medien zu den Schwiegereltern ziehen, 2. sie sollen mildtätig und gerecht sein. Den ersten Ratschlag begründet er doppelt: Ninive werde untergehen, wie schon der Prophet Jona gepredigt habe (Jon 3,4). Die Rückkehr nach Jerusalem sei sinnlos, denn die Stadt werde verwüstet, der Tempel verbrannt werden, und den Brüdern, die dort (im »guten Land«, Ex 3, 8) zurückgeblieben seien, drohe die Zerstreuung. Der Verfasser fügt – als seine eigene Erfahrung – noch hinzu, daß die Verbannung ein Ende haben und ein bescheidener Tempel wieder aufgebaut werde. Gemeinsam mit den Propheten hofft er, die Heidenvölker würden sich zum wahren Gott bekehren und ihre Götzenbilder begraben, so wie der Erzvater einst bei Sichem »die fremden Götzen« begraben habe. Der zweite Ratschlag faßt die in 4,5-11 gegebenen Ermahnungen zusammen. Die in Ex 20,12 dem Elterngebot beigefügte Verheißung »auf daß es dir wohlergehe« wird auf alle Gebote des Gesetzes ausgedehnt.
An der Geschichte von Achikar und seinem Neffen Nadan will der Verfasser veranschaulichen, daß Schlechtigkeit zum Verderben führt, Barmherzigkeit hingegen vom Tode befreit. Tobit und Tobias werden beide sehr alt; durch die außerordentlich hohe Zahl der Lebensjahre will der Verfasser sie als besonders gottgefällig und gottgesegnet kennzeichnen. Das Buch klingt mit der Freude des Tobias über den Fall Ninives (612 v. Chr.) aus. Der Jubel über die wiederhergestellte Gerechtigkeit ist der echte Ausdruck des alttestamentlichen Vergeltungsglaubens: Der Feind, der einst das jüdische Volk in Gefangenschaft verschleppt hat, ist vernichtet. Als Eroberer Ninives nennt der Verfasser – ohne Rücksicht auf die Historie – die aus der Bibel am meisten bekannten Namen Nebukadnezar und Xerxes.

Das Buch Ester

EINLEITUNG

1. Einheitlichkeit und literarische Gattung

a) Das Buch Ester gehört mit den Büchern Rut, Hoheslied, Prediger und Klagelieder zu den fünf »Rollen«, die als Lesungen für die großen jüdischen Feste dienen. Obwohl seit der 2. Hälfte des 18. Jahrhunderts bisweilen einige Teile des Buches als spätere Zusätze betrachtet wurden, hält die Mehrzahl der Exegeten an der *literarischen Einheit* der Esterrolle fest. Es lassen sich nämlich keine hinreichend sicheren Gründe anführen, irgendwelche Einheiten auszuscheiden. Eine nähere Untersuchung ergibt vielmehr, daß die zugunsten einer Textscheidung angeführten Beobachtungen auf bewußt gebrauchte Stilzüge verweisen. Die ganze Geschichte stammt *von einem einzigen Verfasser* und ist in einem Wurf entstanden. Dieser Befund schließt jedoch nicht aus, daß der Autor verschiedene Traditionen und Motive benutzte. Er hat sie aber so geschickt ineinandergearbeitet, daß sich keine Nähte und Risse finden.

b) Die Bestimmung der *literarischen Gattung* des Buches hängt wesentlich davon ab, ob die berichteten Vorgänge der geschichtlichen Wirklichkeit entsprechen. Es seien hier einige der wichtigsten Unstimmigkeiten erwähnt, die mit den historischen Gegebenheiten nicht zu vereinbaren sind: Außer König Xerxes sind alle in dem Buch auftretenden Personen trotz ihres hohen Ranges dem Historiker unbekannt; er weiß z.B. nichts von einer Gemahlin des Xerxes mit Namen Waschti. Die wirkliche Königin hieß vielmehr Amestris und stammte aus persischem Hochadel. – Der König möchte bei der Anordnung eines Blutbades unter seinen Untertanen nicht einmal den Namen des auszurottenden Volkes erfahren. – Unglaubwürdig erscheint auch die hohe Geldsumme, die der persische Großwesir Haman für die Vernichtung der Juden anbietet. – Eigenartig mutet ein königlicher Erlaß an, der praktisch einen Bürgerkrieg im Reiche erlaubt. – Ebenso wie viele Zahlenangaben unwahrscheinlich sind, scheint es aucht nicht möglich, daß der in den Diensten Xerxes' (485-465) stehende Jude Mordokai im Jahre 598 von Nebukadnezar nach Babylon deportiert wurde. – Auch die jüdische Abkunft der Königin hätte nicht so lange verborgen bleiben können. – Zum Geschehen überhaupt sei vermerkt, daß weder andere biblische Bücher noch außerbiblische Quellen von einer jüdischen Königin zu berichten wissen, die ihr Volk gerettet hat.

Daher muß man das Esterbuch als eine *freie Erzählung* bezeichnen.

Der Verfasser ist sicherlich mehr Erzähler und Dramaturg als Historiker. Er hat frei Erfundenes mit tatsächlich Geschehenem verbunden. Auch vom Stil her ist die Gattung der meisten kleineren Einheiten als Erzählung zu bestimmen. Der *Sitz im Leben,* die ursprüngliche Heimat des Textes, ist zweifellos die *Purimfeier.* Das Buch will die Festlesung dieses Tages sein und veranschaulicht der versammelten Gemeinde das Entstehen dieser Feier. Dabei verknüpft es das Fest mit der Erinnerung an eine Judenverfolgung (Pogrom), aus der die Vorfahren der jetzt Feiernden errettet wurden.

2. Esterrolle und Purim

Viele Argumente sprechen dafür, daß die ganze *Estergeschichte* von Anfang an *auf Purim,* das frohe Frühlingsfest der Juden, *abzielte.* Immer wieder ist von »Gelage halten«, von Feierlichkeit und Fröhlichkeit die Rede. Die beiden Begriffe »Susa« und »Provinz« werden mehrmals aufgenommen, sie wollen letztlich die *zwei* Feiertage des jüdischen Festes erklären. Es bleibt nur zu fragen, ob eine solche Erzählung voll und ganz die Feier des Purim begründen kann.
Die Richtung, in der die Lösung dieser Frage zu suchen ist, zeigt das Wort *pur.* Der Verfasser betrachtet es als ein akkadisches Fremdwort in der Bedeutung »Los«. Er verbindet es mit dem Namen Purim und läßt Haman zur Ausrottung der Juden das Los werfen, das auf den 13. Adar, dem Vortag des Purimfestes fällt. Doch macht eine solche Erklärung eher den Eindruck eines Zusatzes, als daß sie zu einer wirklichen Erhellung des Namens beitrüge. Sehr wahrscheinlich ist das Fest älter als die Estergeschichte. Festnamen und Festdatum einerseits und die Errettungsgeschichte andererseits haben sicherlich von Anfang an nicht zusammengehört.

Die *Entstehung des Purim* wird man sich folgendermaßen vorstellen dürfen: Die Juden der östlichen Diaspora haben ein *persisches Fest* übernommen und es längere Zeit mit ihrem Wirtsvolk gefeiert. Der Termin des Monats Adar (Ende Februar/Anfang März) spricht für den ursprünglichen Charakter der Feier als Frühlingsfest. Dabei dürfte auch der altpersische Name *(fra-par-pur* = erster) übernommen worden sein. Bei der *späteren Judaisierung* wurde der fest eingewurzelte Name belassen und volkstümlich aus der verwandten akkadischen Sprache erklärt. Die Judaisierung wurde weiter vorangetrieben, indem man die Estererzählung gleichzeitig zur Festlesung machte. Somit wurde das schon von seinem Ursprung her frohe Frühlingsfest mit einem neuen, ebenfalls freudigen Inhalt ausgestattet. Bis heute ist es das ausgelassene Frühlingsfest der Juden geblieben, das Fest des Gastmahls, der Geschenke und des Mummenschanzes,

3. Gehalt und theologische Bedeutung

Die Estergeschichte steuert auf drei Zielpunkte zu: auf die Purimfeier, die weisheitliche Ermahnung und die theologische Deutung des Geschehens.

a) Der Verfasser sieht die zweitägige jüdische Purimfeier gleichsam vorgebildet in den persischen Hoffesten für die Provinzen und Susa. Der jüdische Großwesir *Mordokai* erscheint als *der eigentliche Initiator* und Gesetzgeber *des Purim*, während die Königin Ester ihn durch ihre Autorität unterstützt. Mit Hilfe der verschiedenen Menschentypen führen alle Fäden der Erzählung zur Errettung aus dem Pogrom, dessen Erinnerung es zu feiern gilt.

b) Während sich der eigentliche Weisheitsspruch im Esterbuch kaum findet, schimmert in Einzelzügen die *›angewandte Weisheit‹* durch. Sie liebt es, *Menschentypen* herauszustellen. Die Erzählung kennt z. B. den launischen und unbesonnenen Schwächling, den Xerxes und Waschti verkörpern. Haman vertritt den Typ des dummstolzen Intriganten und geschwätzigen Prahlers. Mordokai und Ester jedoch werden als Weise gezeichnet, die – weitblickend und doch verschlossen – auch in der höchsten Not geduldig bleiben. Mordokai tritt als der besorgte Pflegevater und kluge Mahner auf, Ester als die dankbare und gehorsame Pflegetochter und anpassungsfähige Königin. Einzelne Erzählungen veranschaulichen auch Weisheitslehren wie das Beispiel der bösen Tat und das Eintreten für die Bedrängten.

c) Die *theologische Botschaft* der Esterrolle ist nicht leicht zu erkennen, weil sie in ein uns fremdes Gewand gehüllt ist. Der Verfasser nennt den Gottesnamen nicht; doch gerade hinter dieser *Verhüllung* verbirgt sich der Glaube an Gottes Heiligkeit. Das Auge des Glaubenden schaut Gottes geheimnisvolles Walten nicht mehr in einem unmittelbar deutlichen Eingreifen, sondern in den vielen ›Zufälligkeiten‹ der Geschichte und in dem ›wunderbaren‹ Ablauf der Ereignisse. Dazu bedient sich der Verfasser einer Ausdrucksweise, die in dem Hörer die Erinnerung an Schriftsteller wachruft, die *Gott als Ursache des Geschehens* künden. Der Gedanke von der *Erwählung und Erhaltung Israels* findet seinen äußeren Ausdruck in dem Abgesondertsein der Juden. Ester und Mordokai sind als Glieder dieses Volkes Gottes auserwählte Werkzeuge und stehen unter seinem besonderen Schutz. Jahwes strenge Gerechtigkeit fordert die Bestrafung der gottfeindlichen Judenhasser. Die Ausführung dieser Strafen wird Menschen übertragen. Der Darstellung der bewaffneten Auseinandersetzung liegt der Gedanke vom Jahwekrieg zugrunde, bei dem die Beute an Jahwe als den eigentlichen Kriegsherrn fällt. Die erhofften Endziele sind: das weltweite Gericht über die Gottesfeinde, die freudige Dankbarkeit für die Errettung und Einbeziehung der Heiden ins Gottesvolk.

Das *sittliche Verhalten* von Mordokai und Ester ist vom vertrauensvollen Glauben an Gottes Hilfe getragen. Obgleich Mordokai als loyaler Beamter seine heidnische Obrigkeit achtet, steht er weiterhin in Treue zu seinem Volk. Auch Ester bleibt die große Fürsprecherin ihrer Glaubensgenossen und ist bereit, für sie ihr Leben aufs Spiel zu setzen. An ihrer Person wird die alttestamentliche Erwählungstheologie besonders deutlich: Wen Gott erheben will, den erniedrigt er zuvor, der muß wie Ester zuerst durch die Tiefen des menschlichen Elends, der Angst und der Gefahr.

4. Entstehungszeit und griechische Zusätze

Das hebräische Esterbuch ist in der Zeit zwischen 300 und 80 v. Chr. *entstanden.* Zu einer genaueren Datierung empfiehlt es sich, an das *3. Jahrhundert* zu denken, da in dieser Periode die Juden für die Aufnahme neuer Gedanken oder Feste zugänglicher waren als später. Der Ort der Abfassung ist nicht mehr festzustellen, wenn auch manches in die östliche Diaspora weist. Der *Autor* war sicher ein *literarisch gebildeter Jude,* der seine Ideen in eine theologisch verhüllte und weisheitliche Erzählung gebracht hat.

Der hebräische Urtext hat wohl um die Mitte des 2. Jahrhunderts v. Chr. einige griechische Erweiterungen und Zusätze erfahren:

a) Die nach 4,17 eingeschobenen *Gebete des Mordokai und der Ester* und die nach 5,4 eingefügte *Aufnahme Esters beim König* wollen die *religiöse Botschaft* des Buches *stärker herausstellen.* Mordokai beginnt sein Gebet mit einem Lobpreis des Schöpfergottes. Er habe Haman die Kniebeuge verweigern müssen, da sie nur Gott gebühre, und darum möge Gott gnädig sein und das über sein Volk hereingebrochene Unheil wenden. – Ester zieht Bußgewänder an, kasteit sich und fleht zu Gott, er möge nicht zulassen, daß die Heiden die Herrlichkeit seines Hauses und den Altar »auslöschen«. Vor allem erbittet sie für ihre Person rechten Mut und wohlgesetzte Rede vor dem König. – Ester wird vom König gütig aufgenommen, denn Gott hatte den Geist des Herrschers vom Zorn zur Sanftmut gewendet.

b) Die beiden *Edikte* des Großkönigs »Artaxerxes« (nach 3,13 und 8,12) wollen den *genauen Wortlaut der im* hebräischen *Esterbuch genannten Erlasse* bieten und dadurch die Glaubwürdigkeit der Erzählung verstärken.

c) *Mordokais Traum* von den beiden Drachen und dem großen Strom (zu Beginn des Buches), die *Deutung* dieses Traumes (nach 10,3) und die *Entdeckung einer Verschwörung* durch Mordokai sind *Erweiterungen,* die ihr Dasein der *Lust am Fabulieren* verdanken.

AUSLEGUNG

König Xerxes hält prunkvolle Gelage (1,1-9)

Der Perserkönig Achaschwerosch, d. i. Xerxes (485-465 v. Chr.) hat die Großen seines Reiches zu einem *prunkvollen Gelage* eingeladen. In der Burg zu Susa feiern die Vertreter der 127 Provinzen 180 Tage lang. Die beiden Zahlen sind nicht historisch bzw. wörtlich zu verstehen. Der Schriftsteller will so die große Ausdehnung des Reiches und die lange Dauer des Festes beschreiben. 180 Tage ergeben rund 6 Monate oder ein halbes Jahr. Die Zahl 127 läßt sich in die drei Zahlen 12 x 10 + 7 zerlegen, von denen jede Vollkommenheit und Vollendung bedeutet.

Zu einem *zweiten Trinkgelage* werden alle Bediensteten der Residenz Susa, ohne Rücksicht auf Rang und Würde, eingeladen. Man feiert im Gartenhof, unter einem farbenprächtigen Zelt. Die vielen Fremdwörter bei der Schilderung der Zelttücher und des Fußbodens vermitteln den Eindruck des Exotisch-Märchenhaften. Mit den goldenen und mannigfach geformten Trinkgefäßen will der Dichter den königlichen Reichtum und die starke Trinklust der Perser veranschaulichen. Die persische Trinksitte fordert volle Freiheit: Niemand darf zum Trinken gezwungen noch am Trinken gehindert werden. – Für die Frauen veranstaltet die Königin Waschti im Königshaus ein Gelage. Nach dem griechischen Geschichtsschreiber Herodot trug die Gemahlin des Königs den Namen Amestris, der sich nicht mit Waschti gleichsetzen läßt. Waschti scheint auf das persische vahista in der Bedeutung die Beste, die Schönste zurückzugehen. Der Verfasser hat wohl diesen Symbolnamen gewählt, weil der König sie bald als »die Schönste« seinem Volk vorführen möchte.

Mit 1,1-9 hat der Autor *Schauplatz und Umwelt* seiner Geschichte umrissen: sie ist eine *Hofgeschichte,* die das glänzende Milieu schildert, in dem sich bald die beiden jüdischen Hauptgestalten bewegen werden. Die Erwähnung der festlichen Trinkgelage deutet kaum merklich auf den *Zielpunkt der Gesamterzählung* hin: *das Purimfest mit seinen Gastmählern,* das in den »Provinzen« am 14. und in »Susa« am 15. Adar gefeiert wird.

Königin Waschtis Ungehorsam wird bestraft (1,10-22)

Der König gibt sieben Eunuchen den Auftrag, die Königin abzuholen, denn er möchte ihre Schönheit seinen Gästen zeigen. Hinter den Namen der Eunuchen verbergen sich verballhornte Gottes- und Engelnamen der zoroastrischen Religion. Vielleicht denkt der Autor an die souveräne, fast göttliche Machtsphäre, aus der heraus Xerxes seine Befehle erteilt. *Waschti weigert sich*, der Aufforderung ihres Gebieters Folge zu leisten. Der Verfasser deutet nicht an, ob etwa ihr königliches Ehrgefühl verletzt ist, weil sie unter Betrunkenen auftreten soll?

Der König ist erzürnt und befragt seine sieben weisen Ratgeber, deren Namen teilweise denen der Eunuchen ähneln, jetzt aber in umgekehrter Reihenfolge genannt werden. Die offizielle Frage des Königs, was mit Königin Waschti geschehen solle, beantwortet der unter den Weisen an letzter Stelle genannte Memuchan mit einer gewissen Wichtigkeit und Feierlichkeit »vor dem König und den Fürsten«. Er macht das Herzensanliegen des Königs zu einer Reichsangelegenheit und versteigt sich in übertriebene Formulierungen: Gegen alle Fürsten, alle Völker in allen Provinzen und alle Frauen hat Waschti sich verfehlt. Die Sache werde rasch bekannt werden, und der König müsse wohl ebenso schnell reagieren. Mit der regulären Höflichkeitsformel »wenn es dem König gefällt« macht er seinen Vorschlag gemäß dem Gesetz der Wiedervergeltung: Waschti ist nicht gekommen, sie soll daher überhaupt nicht mehr kommen, d. h. sie soll durch eine neue Königin ersetzt werden. Der König stimmt zu und verschickt in alle Provinzen Briefe, in denen die sittliche Konsequenz der Geschichte gleich einem Weisheitsspruch mitgeteilt wird: Jeder Mann soll Herr sein in seinem Hause und frei reden dürfen. Waschti wird gar nicht erwähnt, sie hat in erzählungstechnischer Hinsicht ihre Funktion erfüllt: *der Weg zu einer neuen Königin ist frei.*

Die Pagen raten zur Wahl einer neuen Königin (2,1-4)

Durch die gestraffte Wiederholung »der König dachte an Waschti, was sie getan« schlägt der Verfasser die *Brücke vom Alten zum Neuen*. Das Neue legt er als direkte Rede der neu auftretenden Personengruppe der Pagen in den Mund. Sie raten zu einer *Königinwahl* nicht etwa aus dem bestehenden Harem, sondern aus den schönsten, jungfräulichen Mädchen des Landes. Der Motivzug, für den König ein sehr schönes und jungfräuliches Mädchen zu suchen, findet sich auch in der Davidsgeschichte (1 Kön 1,2-4). Der Vorschlag der Pagen kommt offensichtlich den stillen Wünschen des Königs entgegen, und er erteilt eine entsprechende Weisung.

Die Pflegetochter Mordokais wird ins Frauenhaus gebracht (2,5-11)

Der Erzähler stellt zunächst in einer biographischen Notiz *die zwei jüdischen Hauptpersonen vor. Mordokai* hat in der Burg Susa eine untergeordnete Dienststelle inne, vielleicht ein Aufseheramt im Torbau. Sein Name hängt sicher mit dem babylonischen Götternamen Marduk zusammen und kennzeichnet seinen Träger als Exiljuden. Die Namen Kisch und Schimi wollen die benjaminitische Abkunft Mordokais herausstellen (Kisch = Vater Sauls, Schimi = Vogt in Benjamin). Mordokai stammt aus einer der vornehmen Familien, die 597 aus Jerusalem verschleppt wurden und auf denen nach der Hoffnung der Propheten Jeremia und Ezechiel die Rettung des Volkes ruht.

In V. 7 wird die Heldin der Geschichte zum erstenmal genannt. Sie trägt als jüdischen Namen den Pflanzennamen Hadassa (Myrte). Daß sie noch den fremden Namen *Ester* hat – entweder vom babylonischen Ischtar (Name einer Göttin) oder vom persischen stareh (Stern) abzuleiten –, mag damit zusammenhängen, daß sie auf Befehl ihres Pflegevaters ihre jüdische Abstammung geheimhalten soll. Mordokai hatte sie als Vollwaise adoptiert. Mit vielen Mädchen wird auch Ester in den königlichen Harem gebracht. Sie findet Gefallen und Gunst beim Frauenwächter Hegai. Das Verschweigen des Judentums braucht der Erzähler für den literarischen Aufbau seiner ganzen Geschichte; denn die Enthüllung ihrer jüdischen Herkunft bildet später den Höhe- und Wendepunkt. Alle drei in diesen Versen namentlich genannten Personen zeichnen sich durch positive Charaktereigenschaften aus: Ester begegnet ihrem Pflegevater in kindlichem Gehorsam. Mordokai sorgt in väterlicher Liebe für seine Pflegetochter, und Hegai behandelt Ester höflich und zuvorkommend.

Ester wird Königin (2,12-20)

Mit den folgenden Versen zeichnet der Autor den dunklen Hintergrund, von dem sich das Geschick Esters um so heller abhebt. Während die übrigen Mädchen die lange Vorbereitungszeit von einem Jahr benötigen, bis sie dem König zugeführt werden, wird Ester von Hegai bevorzugt behandelt. Weiterhin beginnt für die anderen Mädchen nach der einen beim König verbrachten Nacht das eintönige Haremsschicksal einer namenlosen Schar. Zu Esters Namen aber wird noch der symbolhafte Name ihres Vaters hinzugefügt (Abihajil = mein Vater ist Stärke). Ester bleibt bescheiden, stellt keine besonderen Forderungen. Und als letzter Kontrast, der zugleich die Bedeutsamkeit des Ereignisses hervorhebt, fungiert das Datum, dessen Zahlangaben 7 und 10 die Fülle, den Abschluß symbolisieren. Den *Höhepunkt* bilden die Aussagen der zwei Satzpaare in V. 17: 1. die Tatsache, *daß der König Ester mehr liebt* und ihr mehr Gunst erweist als allen anderen Mädchen *und* 2. die Konsequenz, *daß er sie zur Königin an Stelle Waschtis erhebt.* Die verbindenden Verse 19 und 20 weisen auf den übrigen gewohnten Fortgang des Lebens am persischen Hof hin. Rückblickend bedeutet das: Es werden wiederum Mädchen für den Harem zusammengebracht. In der Vorschau heißt das: Mordokai bleibt Beamter im Königstor, um als solcher etwas Neues zu entdecken.

Mordokai entdeckt eine Palastverschwörung (2,21-23)

Zwei Schwellenhüter, die als vertrauenswürdige Beamte den Zugang zu den königlichen Gemächern bewachen, haben gegen Xerxes eine Verschwörung angezettelt. Mordokai erstattet Anzeige, und die Verschwörer werden gehängt. Der Erzähler teilt die Eintragung in das Tagebuch mit, weil er später daran einen Wendepunkt seiner Geschichte knüpft.

Mordokai huldigt nicht dem Judenfeind Haman (3,1-7)

Haman, der heidnische Gegenspieler Mordokais, wird vorgestellt. Sein Name enthält Bestandteile des Gottesnamens Humman, welcher der oberste Gott des alten Elam war. Auch Hammedata, der Name seines Vaters, bedeutet »Geschenk Hummans«. Agag war König der Amalekiter, jenes Volkes, das sich als erstes Israel beim Heraufzug aus Ägypten entgegengestellt hatte und daher von Jahwe zur Ausrottung bestimmt worden war. Haman soll durch den Beinamen »Agagiter« als typischer Judenfeind bezeichnet werden; und ausgerechnet ihn hat der König zum Großwesir bestellt. Daß Mordokai Haman wiederholt Kniebeuge und Verneigung des Körpers verweigert, ist für Haman ein »gewichtiger« *Anlaß, gegen die Juden überhaupt vorzugehen. Durch das Los wird der Vernichtungstag festgelegt.*

Der Judenpogrom wird beschlossen (3,8-15)

Ohne den Wechsel des Schauplatzes oder die Bitte um eine Audienz auch nur zu erwähnen, läßt der Verfasser den Judenfeind an den König appellieren: Das Los hat entschieden, auch *der König soll* sogleich *sein Urteil fällen.* Der Name des Volkes wird nicht genannt. Er muß aus kompositionstechnischen Gründen verschwiegen werden; denn diesem Volk gehören ja Mordokai, des Königs Lebensretter, und die Königin an! Der erste Vorwurf Hamans bezüglich der Juden richtet sich gegen die Tora, das heilige Gesetz, das eigentlich nicht Grund einer Anklage sein kann, weil es Jahwe zum Urheber hat. Gegen den zweiten Vorwurf, sie hielten die Gesetze des Königs nicht, steht das Prophetenwort: »Suchet das Wohl des Landes, in das ich euch verbannt habe, und betet für es zum Herrn; denn sein Wohl ist auch euer Wohl« (Jer 29,7). Die übertrieben hohe Geldsumme, die Haman in die Schatzkammern des Königs bringen will, soll wohl aus der jüdischen Beute genommen werden. Der König gibt seine Zustimmung durch Handlung (Überreichung des Siegelringes) und Rede. Des Königs Verzicht auf das Geld mag orientalischer Höflichkeit entsprechen, d. h. Xerxes rechnet sehr wohl mit der Bezahlung der Summe durch Haman. Die Verfügung, die für den 13. Adar die *schonungslose Vernichtung aller Juden* anordnet, wird in allen Provinzen bekanntgegeben.

Mordokai trauert und beauftragt Ester mit der Abwehr des Unheils (4,1-17)

Mordokai und die Juden trauern in Susa und in den Provinzen mit den durch die Tradition geheiligten Trauerriten. Ester hört von Mordokais Trauer und verhandelt mit ihm durch Zwischenboten. Für den ersten Botenauftrag hat der Verfasser die denkbar einfachste Form gewählt: Ester schickt Mordokai Kleider, deren Annahme er jedoch verweigert. Beim zweiten Auftrag wird der Bote namentlich genannt (Hatak = Kurier) und die Verhandlung in indirekter Rede berichtet. Mordokai fordert, Ester solle zum König gehen und für ihr Volk bitten. Beim dritten Botenauftrag wird die direkte Rede gebraucht. Ester spricht die unheilverheißende Tatsache aus: »Wer ungerufen vor den König tritt, wird getötet, und ich bin schon seit dreißig Tagen nicht gerufen worden, zum König zu kommen.« Mordokai weist in ›verhüllender Umschreibung‹ auf die »andere Stelle« hin, von der Hilfe und Strafe kommt. *Ester* hat ihren Pflegevater verstanden. Sie *will zum König gehen.* Doch vorher sollen ihre Glaubensgenossen in Susa ein *außergewöhnliches Fasten* üben, das sie wohl als die wirksamste Form des Bittgebets betrachtet.

Ester lädt zum Gelage ein (5,1-8)

Tatsächlich *findet Ester die Gunst des Königs.* Er nimmt ihre Einladung an, mit Haman zusammen zu einem Gelage zu kommen.

Auf die Frage des Königs nach ihrem Begehren antwortet Ester: Meine Bitte und mein Begehren ... Dann bricht sie den begonnenen Satz ab und lädt den König und Haman – unter Verwendung von Höflichkeitsformeln – für den folgenden Tag ein; morgen werde sie dem Wunsch des Königs entsprechen. Der Erzähler braucht dieses Verzögerungsmoment, um die Hörer noch mehr zu fesseln und einige, die Geschehensfolge noch enger verknüpfende Episoden einzuschalten.

Der stolze Haman will Mordokai töten lassen (5,9-14)

Hamans Fröhlichkeit wandelt sich in Zorn, als ihm Mordokai wieder die Ehrenbezeugung verweigert. Zu Hause angekommen läßt der Dichter ihn mit seinem Reichtum, Kindersegen und seinen Auszeichnungen prahlen und schafft so einen wirkungsvollen Gegensatz zu seiner bevorstehenden Erniedrigung. Doch Haman ist dumm. Er hat nichts bemerkt von den schwierigen Umständen, unter denen seine Einladung durch die Königin zustande kam, und erst recht ahnt er nichts von der Beziehung Esters zu Mordokai. Auf Anraten seiner Frau und seiner Freunde läßt er einen Pfahl errichten, um Mordokai daran zu hängen.

Mordokai wird geehrt, Haman gedemütigt (6,1-14)

Da der König in jener Nacht nicht schlafen kann, läßt er sich aus dem Buch der Tagesgeschehnisse vorlesen (vgl. 2,23). Als er die Geschichte von seinem Lebensretter Mordokai hört und nach dessen Belohnung fragt, antworten die Diener, daß ihm keine Ehrung zuteil geworden sei. Da der König diese Nachlässigkeit schnellstens wiedergutmachen will, bittet er Haman, der gekommen war, um die Tötung Mordokais zu erwirken, um seinen Rat. In seiner Frage wendet er sich an ihn mit dem Leitwortsatz dieses Erzählstückes, was man dem Mann tun solle, »dessen Ehrung der König wünscht«. Der eitle Haman hört das Wort Ehrung und denkt sofort an sich. Er schlägt die Investitur mit dem Königsgewand und den Ritt über den Stadtplatz unter Führung eines Hochadligen vor. Er muß sofort und ohne Gegenfrage die *Ehrung Mordokais* vornehmen. Der Erzähler vermochte diese Szene durch das Motiv des Verschweigens von Name und Beziehung geradezu dramatisch zu gestalten. Am Ende dokumentiert er seinen Glauben an Israels Erwählung, indem er den heidnischen Freunden und der Frau Hamans den Weisheitsspruch in den Mund legt: *Dem Juden kannst du nichts anhaben*, du wirst vor ihm gänzlich zu Fall kommen.

Der Feind Haman wird entlarvt und hingerichtet (7,1-10)

Der König und Haman sind bei Esters zweitem Gelage anwesend, und alles drängt auf der Königin schwergewichtige Bitte zu. Die Frage des Königs lautet wie in 5,6. Ester appelliert durch den persönlichen Ton (»in deinen Augen«) gleichsam im letzten Moment an die Gattenliebe des Xerxes, um dann im Kurzstil die eigentliche Bitte vorzutragen: Mein Leben werde mir gewährt und mein Volk! Zur Begründung betont sie, man habe sie beide verkauft zum Vernichten. Der Doppelfrage des Königs nach Person und Aufenthalt des Urhebers entsprechen in der Antwort der Königin die beiden Subjekte »Widersacher und Feind«. Haman ist erschrocken und der König so vom Zorn gepackt, daß er nichts zu sagen vermag und nur in den Garten eilen kann. Des Königs Verweilen im Garten gibt dem Erzähler die Möglichkeit, noch eine kleine Episode einzuschieben: *Der Großwesir und Judenfeind muß die Jüdin und Königin kniefällig um sein Leben bitten.* Der aus dem Garten zurückkehrende König deutet dies als »Vergewaltigung«. Gemäß dem Gesetz der Wiedervergeltung wird *Haman* an den gleichen Pfahl *gehängt,* den er für Mordokai hatte errichten lassen. Der Verfasser vertritt in dieser Szene die harte, alttestamentliche Ethik: Ester spricht weder ein verzeihendes noch ein fürbittendes Wort, und der König denkt nicht an Begnadigung.

Ester und Mordokai dürfen ihr Volk retten (8,1-8)

Noch am gleichen Tag verschenkt Xerxes an Ester den ganzen Besitz Hamans, und Mordokai tritt in die Stellung ein, die Haman vorher innehatte. In einer Audienz – ähnlich der von 5,1f – erscheint Ester noch einmal unter Fußfall und Tränen vor dem König. Dieser bedeutet ihr mit seinem goldenen Szepter, das Angesicht aus dem Staub zu erheben. Ester leitet ihre Rede mit vier Höflichkeitsformeln ein und erbittet vom König ein Gesetz, das den *Befehl zur Ausrottung* ihres Volkes *für ungültig erklärt.* Sie begründet ihre Fürsprache psychologisch: Wie könnte ich das Unheil mitansehen, das mein Volk treffen wird!? Wegen der Unaufhebbarkeit der persischen Gesetze kann der König keine volle Zusage geben. Er überläßt es Ester und Mordokai, die Angelegenheit durch entsprechende Schreiben zu regeln.

Der jüdische Grosswesir erlässt ein Dekret zugunsten seines Volkes (8,9-17)

Die Ausfertigung des Dekrets wird in ähnlichen Worten geschildert wie die des judenfeindlichen Erlasses Hamans in Kapitel 3. Bedeutsam ist, daß die beiden Anordnungen gerade siebzig Tage auseinanderliegen (13. Tag des 1. Monats – 23. Tag des 3. Monats). Dadurch erscheint das zweite Datum als Symbol des Vollkommenen und Guten. Die Juden nehmen unter den Adressaten die erste Stelle ein, und ihre Schrift und Sprache wird eigens erwähnt. Die auffällige Eile, mit welcher der Befehl verkündet wird, soll die Trauer der Juden möglichst bald beenden. In dem Erlaß nämlich räumt der König den Juden das Recht ein, *ihr Leben mit Waffen zu verteidigen*. Sie werden aufgefordert, sich für den Tag der Rache an ihren Feinden bereitzuhalten. Somit sanktioniert das Dekret zwei wichtige Rechte der Diasporajuden: die völkisch-religiöse Freiheit und die Selbstverteidigung.
Die Darstellung der durch den Erlaß bei den Juden ausgelösten Freude orientiert sich am Gegensatz zur einstigen Trauer. Zeigt Kapitel 4 den Jammer Mordokais, so begegnet uns hier der endgültig erhöhte Mordokai. Dem Leid aus 4,3 wird in 8,16f die *übergroße Freude* gegenübergestellt. Der viergliedrigen Trauerformel (Trauer, Fasten, Weinen, Wehklagen) entsprechen die beiden viergliedrigen Freudeformeln. Die erste betrifft die Juden *in Susa* (Licht, Freude, Fröhlichkeit, Ehrung), die zweite die Juden *in den Provinzen* (Freude, Fröhlichkeit, Festgelage, Feiertag). Wenn nunmehr »der Schrecken vor den Juden« die Heiden befällt, so greift der Verfasser verhüllt das biblische Motiv vom schützenden Gott Israels auf (Schrecken Jahwes; Jes 2,10).

Die Juden werden Herr über ihre Feinde (9,1-10)

Der Verfasser überspringt einen Zeitraum von acht Monaten und setzt wieder am 13. Tag des 12. Monats ein, an dem Tag, der zur Ausrottung der Juden bestimmt war. Gerade dieser Zeitpunkt wird als die *entscheidende Wendung* zugunsten des jüdischen Volkes herausgestellt. Der Bericht von dem Aufstand der Juden betont wiederum mit allem Nachdruck den »Schrecken vor den Juden und vor Mordokai«. Wenn auch Gott als letzte Wirkursache der Wendung nicht genannt wird, so bleibt doch das Wunderbare dieser Wendung nicht verborgen.
9,5-10 bieten einen kurzen *Kampfbericht* in echt orientalischem Stil. Die Bemerkung »sie taten an ihren Hassern nach ihrem Wohlgefallen« bedeutet die Tötung aller, die sie bekämpften. Abweichend von

8,11 jedoch, wo neben der Tötung von Frauen und Kindern auch die Plünderung der Habe gestattet wird, *verzichten* die Juden hier ausdrücklich *auf das Beutemachen.* In dieser Haltung schimmert die alte Vorstellung vom Jahwekrieg durch, nach der das Eigentum der Feinde als Banngut an Gott fällt. Der Bericht meldet die Überwindung von fünfhundert Mann in der Burg Susa und die Tötung von zehn namentlich aufgeführten Söhnen Hamans. Ihr Untergang – die Zehnzahl umschreibt die Ausrottung des ganzen Geschlechts – gehört mit zur Vollendung der Strafe des Judenhassers. Die Verluste der Juden werden nicht erwähnt.

Ester erlangt für Susa einen zweiten Kampftag (9,11-15)

Die feierliche Formulierung »der König sprach zur Königin Ester« will auf die Situation einer Audienz verweisen, die nicht eigens eingeführt wird. Xerxes teilt Ester die Tötung der 500 Mann aus der Burg Susa und der Hamanssöhne mit. In dem staunenden Ausruf »was mögen sie in den übrigen Königsprovinzen getan haben!« legt der jüdische Verfasser dem persischen König seine eigene Freude über den Sieg in den Mund. Die Antwort Esters auf die Frage des Königs nach ihrem weiteren Begehr überrascht, da Ester einen *zweiten Kampftag für Susa* fordert. Es erübrigt sich, für diese vermeintlich unmoralische Verhaltensweise Entschuldigungsgründe zu suchen. Der Autor will einen zu seinen Lebzeiten bestehenden Brauch begründen: warum nämlich die jüdischen Landbewohner das *Purimfest* am 14. Adar und die Juden *in Susa* es *am 15. Adar* begehen.

Die Juden verschaffen sich Ruhe und halten Gelage (9,16-19)

Der Kurzbericht über den Kampf in den Provinzen knüpft an die Königsfrage von 9,12 an. In der knappen vorangestellten Zusammenfassung, welche die Sammlung und Verteidigung der Juden erwähnt, klingt bereits das Motiv der *Ruhe* an, das im Mittelpunkt der Texteinheit steht. Die außerordentlich hohe Zahl der in den Provinzen Getöteten ergibt sich aus der Multiplikation der runden Zahlen 3, 25 und 1000. Mit dem Bericht vom Kampf ist eine Darstellung von der *Freudenfeier* vereinigt. Dem Datum des 15. Adar als dem Ruhetag der Susa-Juden liegt deren Purimfeier am 15. Adar zugrunde. Da der Verfasser als Stadtjude schreibt, übergeht er in dem konstatierenden V. 19 wie selbstverständlich den 15. Adar und legt alles Gewicht auf den 14. als den Festtag der Landjuden.

Freude und Festfeier gelten der vor den Feinden erlangten Ruhe und Rettung. Der Verfasser hat in der Schilderung seine Hoffnung von einem weltweiten Gericht über die Hasser seines Volkes verwirklicht.

Mordokai erlässt die Festordnung (9,20-28)

Die Verse 21 und 22 bringen – sicherlich in einer verkürzten Form – die Ordnung des Purimfestes, die in einem Brief Mordokais allen Juden der weltweiten Diaspora mitgeteilt wird. Die Begründung des Festes, das vornehmlich als Freudenfest gekennzeichnet wird, findet sich in den beiden Schlüsselworten *»Ruhe finden«* und *sich wandeln«*, nämlich »aus Kummer zur Freude« und »aus Trauer zum Festtag«. Der Armen zu gedenken und sie zu beschenken gilt als Ausdruck jüdischer Festtagsfreude. Die unvermittelt angeführte Notiz von der Verschwörung des Haman (V. 24) zielt eindeutig auf den Namen Purim. Dieser wird von dem hebräischen *pur* in der Bedeutung »Los« abgeleitet, denn ein Los hatte ja den Vernichtungstag der Juden bestimmt.

In 9,26b-28 wird in einem umständlichen Urkundenstil der Beschluß über die Einführung des Festes zu Protokoll genommen. Gegenüber 9,21.23 ist der Kreis derer, die sich zum Fest verpflichten, auf die Nachkommenschaft und die Proselyten erweitert. Die rhetorische Wiederholung will den *Gesetzescharakter der Festfeier* zum Ausdruck bringen, da Purim als ein neues Fest nicht durch das mosaische Gesetz verbürgt ist.

Die Bedeutung des Abschnitts liegt darin, daß Mordokai gleich Mose als Gesetzgeber auftritt. Zwar ist Purim kein spezifisch religiöses Fest, feiert aber die Erinnerung an eine wunderbare Rettung und Ruhe. Es steht somit in naher Verwandtschaft zum Pascha und Laubhüttenfest, die beide der Rettung bzw. Führung des Volkes durch Jahwe gedenken. Wie Mose könnte sich Mordokai als ein für die Rettung seiner Brüder bestimmtes Werkzeug betrachten. Zugleich mit Mordokais Ansehen werden auch die Stellung und die *Bedeutung der Exiljuden* überhaupt beleuchtet. Die Wendung »diejenigen, die sich ihnen anschließen« (V. 27), dehnt den Kreis der zur Purimfeier Verpflichteten auf die Heiden aus. Die prophetische Hoffnung auf die Bekehrung der Heiden ist hier gleichsam gesetzlich verankert und damit indirekt das Vorbildliche des jüdischen Glaubens herausgestellt.

Ester verfügt Purimvorschriften (9,29-32)

Der Abschnitt erweist sich als eine in mancherlei Hinsicht veränderte Wiederholung der unmittelbar vorausgehenden Festverordnung. Statt

Mordokai schreibt nun Ester. Den Inhalt des Briefes, der allen jüdischen Gemeinden des Perserreiches zugesandt wird, bilden »*Worte des Friedens* und der Treue« und »*Worte über das Fasten* und ihr Wehklagen«. Mit den Bestimmungen über das Fasten und Klagen, das von den Juden geübt werden soll, wird ein bisher nicht erwähnter Bestandteil der Purimfeier geboten. Sinnvoll erscheint Ester als die Urheberin dieser Sitte, da sie schon einmal ein Fasten angeordnet hatte (4,16). Der Verfasser bedient sich also des Stilmittels der Wiederholung zur Einführung eines neuen Gedankens. Der zweite Brief läßt die Heldin der Erzählung noch einmal auftreten, um das jüngste Stück des Purimfestes, das Fasten, einzuführen. Nicht zuletzt ist das Schreiben der Königin dazu geeignet, die gesetzgeberische Autorität Mordokais zu stärken.

Mordokai war beliebt (10,1-3)

Der Schluß der Erzählung veranschaulicht – ähnlich wie der Beginn – die *Universalität des Perserreiches* und die Macht seines Herrschers, der sogar »den Inseln des Meeres« Fron auferlegt. Bereits in Jes 11,11 und 24,15 war die jüdische Diaspora durch eine Aufzählung der Länder und der »Inseln des Meeres« beschrieben. Die machtvollen Taten des Königs führen den Verfasser zu seinem Lieblingsthema, dem Großwesir Mordokai, dessen Ruhm er in eine aus den Königsbiographien vertraute Form kleidet (vgl. z. B. 1 Kön 11,41). V. 3 bildet den krönenden Abschluß des Esterbuches. Der in hymnusartigem Stil gehaltene Vers betont den Stolz der Juden auf Mordokais angesehene Stellung. Trotz seiner Erhöhung bleibt er seinem Volk in Treue zugetan. Er war beliebt, »da er Gutes erstrebte für sein Volk und zum Heile seiner ganzen Nachkommenschaft redete«. Der Verfasser deutet darin an, daß ohne den Antrieb und die Unterstützung Mordokais Ester nicht die Retterin des Volkes geworden wäre. Somit stellt die Schlußnotiz heraus: Mordokai spielte als Mann und Jude die Rolle des Initiators, ohne dessen Leitung Ester wenig vermocht hätte. »Zum Heile reden« kann eigentlich nur der Mensch, der ein besonderes Werkzeug in der Hand Gottes geworden ist.

Das Buch Judit

EINLEITUNG

1. Verfasser und Abfassungszeit

Das Buch Judit gehört wie das Buch Tobias zu den sieben deuterokanonischen Schriften. Es war ursprünglich in hebräischer oder aramäischer Sprache abgefaßt. Der uns in drei Gestalten erhaltene griechische Text ist kaum die Übersetzung des semitischen Originals, eher die selbständige Bearbeitung eines hebräischen Überlieferungsstoffes. Die Sprachform ist semitischer als im Tobiasbuch.

Der *Verfasser* ist unbekannt. Er muß aber ein jüdischer Künstler gewesen sein, der sich auf sein Handwerk verstand. Dafür sprechen der hohe poetische Schwung, die anschauliche Schilderung und die dramatische Spannung seiner Geschichte. Zudem muß er mit der Literatur seines Volkes vertraut gewesen sein. Als *Ort der Abfassung* kommt nur Palästina in Frage.

Die *Zeit* ist umstritten. Die meisten Forscher entscheiden sich für das 2. Jahrhundert v. Chr. Sie vermuten hinter der Juditgeschichte den Geist der Makkabäerzeit mit seinem Haß wider alles Heidnische und seiner Forderung des heiligen Krieges für Jahwe und dessen Kultus.

2. Die literarische Form

Das Buch widerspricht sich offenkundig in seinen historischen und geographischen Angaben. Die Erzählung soll in der Zeit Nebukadnezars spielen, »der über die Assyrer in Ninive König war« (1,1); tatsächlich war Nebukadnezar König von Babel, und Ninive war bereits von seinem Vater Nabopolassar zerstört worden. Von Israel wird gesagt, daß es gerade aus dem Exil zurückgekehrt sei (4,3; 5,19); diese Heimkehr geschah aber unter dem Perserkönig Cyrus. Holofernes und Bagoas, die Namen des Heerführers und des königlichen Eunuchen, sind persischer Herkunft, heilige Haine und Bekränzung mit Ölzweigen (3,7f; 15,13) gehören in die griechische Vorstellungswelt. Und schließlich spottet der Weg, den das Heer des Holofernes nimmt, jeder Geographie.

Man hat lange geglaubt, es handle sich im Juditbuch um geschichtliche Begebenheiten, über die der Schleier von Decknamen, von Pseudonymen, gebreitet sei. So wurden z. B. über zwanzig verschiedene Herrschergestalten als »Nebukadnezar« vorgeschlagen. Aber der Verfasser wollte *kein historisches Werk* schreiben, die Juditgeschichte ist *eine freie Erzählung* mit lehrhafter Zielsetzung. Der Autor hat seine Geschichte – gleich einer Blütenlese – aus vielen biblischen Einzel-Motiven und Vorbildern zusammengestellt. Im Grunde will er einen *übergeschichtlichen Sachverhalt gleichnishaft* beschreiben: Der Bundesgott rettet sein Volk vor der gottfeindlichen Weltmacht. Nebukadnezar ist der Typ aller Feinde Israels, der Typ eines Heiden, der sich an Gottes Stelle setzen möchte und darum gedemütigt werden muß. Judit aber ist das bescheidene Werkzeug in der Hand des einzig wahren und allmächtigen Gottes. Die Rettung der Stadt bedeutet die Errettung des Volkes jetzt und in der Zukunft; und insofern darf man sagen, daß der Erzählung auch ein gewisser *apokalyptischer Zug* nicht fehlt.

3. Die Theologie des Buches

Die Juditgeschichte verläuft ganz natürlich, menschlich, es geschehen in ihr keine Wunder, sie möchte aber *wichtige religiöse Lehren* veranschaulichen: 1) Gott ist der allmächtige Schöpfer, der Herr des Universums, dem sich jeder unterwerfen muß. Er ist der Gott des Himmels, dessen Pläne geheimnisvoll sind. 2) Israel braucht keine Macht der Welt zu fürchten, wenn es nur immer in Treue zu seinem Gott steht. 3) Seine Treue muß sich wie bei Judit dokumentieren im Gottvertrauen, im Glauben an die Kraft des Gebetes und des Fastens, im Einsatz für andere, in der Wohltätigkeit, im Kult und in jeglicher Gesetzesbeobachtung. Judit ist durch ihren Mut, ihre Klugheit, Festigkeit und Schönheit zugleich der vollendete Idealmensch. 4) Gott kann das Schwache wählen, um das Starke zu beschämen. Der wahre Gott rettet sein ohnmächtiges Volk durch die Stärke einer schwachen Frau. Gottes Weisheit kann sich recht menschlicher Mittel bedienen, um das Prahlerische zu vernichten. 5) Es gilt das alte Gesetz: Womit einer sündigt, damit wird er auch bestraft. Holofernes muß durch sein eigenes Schwert sterben. 6) Gegen den ungerechten Angreifer, gegen den Gottesfeind, sind die Kriegslist und der heilige Krieg erlaubt. 7) Das Leid ist Prüfung. Es will den Menschen nicht niederdrücken, sondern zur Dankbarkeit erziehen und ihn schließlich zum Heil führen. 8) Von diesem Heil ist niemand ausgeschlossen, es steht auch den Heiden offen.

AUSLEGUNG

Nebukadnezar besiegt Arphaxad (1,1-16)

Der Verfasser stellt in 1,1 mit fast gleichen Stilmitteln zwei typische Herrscher vor: den assyrischen Großkönig Nebukadnezar aus der gewaltigen Stadt Ninive und seinen politischen Gegner, den medischen König Arphaxad aus dem stark befestigten Ekbatana. Assur war von der mittleren Königszeit an die Israel und seinen Gott hassende Weltmacht; Ninive galt als *die* heidnische Stadt (612 zerstört), und der neubabylonische König Nebukadnezar (griechisch: Nabuchodonosor; 605-562) war der Zerstörer Jerusalems, der Juda in die Gefangenschaft geschleppt hatte. Alle drei Namen zusammen verkörpern also den *furchtbaren Feind des Gottesvolkes.*
Gegen diesen Feind hat der Mederkönig seine Bundesgenossen aus dem Norden und Osten zusammengezogen, um Nebukadnezar die Herrschaft zu nehmen. Nebukadnezar ruft seinerseits die gesamte Völkerwelt seines universalen Reiches zur Heerfolge. Doch die Völker verachten seinen Machtanspruch, und Nebukadnezar schwört ihnen deshalb Rache. Tatsächlich gelingt es ihm – ohne die Hilfe der Völkerschaften – in einem Blitzkrieg Arphaxad und seine Streitmacht zu vernichten. Eine 120-tägige Festfeier verherrlicht diesen Sieg.

Nebukadnezar führt gegen die Westländer einen Rachekrieg (2,1-3,10)

Der historische Nebukadnezar zog im 18. Jahre seiner Regierung gegen Jerusalem (Jer 32,1). Der Verfasser des Juditbuches wählt für den Beginn des unheilvollen Feldzuges des Assyrerkönigs ebenfalls das 18. Jahr. Er beruft Holofernes an die Spitze eines Heeres von 120 000 Fußsoldaten und 12 000 Reitern und erteilt ihm entsprechende Anweisungen. Dabei gebraucht er von sich Redeweisen, die sonst nur Jahwe zukommen: »Herr der ganzen Erde«, »dem Wort meines Mundes nicht gehorchen«, »so wahr ich lebe« und »ich habe gesprochen und werde es mit meiner Hand ausführen«.
Holofernes zieht mit seiner gewaltigen Heeresmacht, der sich noch viel zusammengelaufenes Volk zugesellt, gegen das Westland aus. Die *Geographie dieses Feldzugs* ist phantastisch, sie läßt sich kaum identifizieren. Die Marschroute beginnt in Ninive, führt weit nach Norden, dann über den Euphrat nach Osten bis zum persischen Golf. Danach wird wieder nach Norden umgeschwenkt, im Süden Arabien erobert und nochmals im Norden Damaskus verheert. Es folgt die Mittelmeerküste mit dem Ziel Israel. Überall zerstört Holofernes die Hei-

ligtümer, »damit alle Völker der Erde allein den Nebukadnezar anbeten und alle Zungen und alle ihre Stämme ihn als Gott anrufen sollten« (3,8).

Das Gottesvolk ist in Gefahr (4,1-15)

Israel ist erst kürzlich aus dem Exil heimgekehrt und konnte einen bescheidenen Tempel einweihen. Jetzt muß es schon wieder um seine politische und religiöse Existenz bangen. Darum werden militärische und geistliche Vorbereitungen getroffen, in die sich auch der amtierende Hohepriester einschaltet. In V. 6 wird erstmals *Betylua,* der Schauplatz der eigentlichen Handlung, genannt. Der Ort liegt auf einem Berg an der Nordgrenze Israels und bewacht gleichsam den Zugang nach Judäa und Jerusalem. Die Enge des Zugangs wird in übertriebener Redeweise geschildert.
In der großen Notlage besinnt sich das Volk auf seinen Gott. Diese *Hinwendung zu Jahwe* hat der Autor sehr eindrucksvoll gestaltet. Alle ohne Ausnahme beteiligen sich an Gebet und Fasten, selbst die Tiere (vgl. Jon 3,6-8) und der Altar werden in den Bußritus einbezogen. Dabei wird der Opferdienst der Priester besonders hervorgehoben. Im Mittelpunkt (4,12f) aber steht die Bedrohung der Ehre Gottes selber und die bereits vorweggenommene Notiz von der Erhörung durch Jahwe.

Der Ammoniter Achior warnt vor Israel und wird ausgeliefert (5,1-6,21)

5,1-24 Holofernes hört von den Verteidigungsmaßnahmen Israels. Er beruft die kanaanäischen Hauptleute, um von ihnen, den Nachbarn Israels, nähere Auskünfte über dieses Volk zu erfragen. Achior, der Anführer der Ammoniter, gibt einen Überblick über die Geschichte des Gottesvolkes. Der Autor hat in ihm den gläubigen Heiden verkörpert und seine Rede ganz bewußt unter den Leitsatz ›Jahwe der Führer Israels‹ gestellt. Schon die Auswanderung der Urväter begründet er mit ihrem Treueverhältnis zu Jahwe: Sie fliehen um ihres Glaubens willen. Mose wird nicht erwähnt, damit Jahwes Anteil an der Rettung des Volkes um so mehr hervortritt. *Jahwe wird immer mit diesem Volk sein,* wenn es nicht vor ihm sündigt. Auch seine gegenwärtige Situation, die Rückkehr aus der Gefangenschaft, die Wiederherstellung des Tempels und die Ansiedlung im Bergland, ist eindeutig Zeichen der Huld Jahwes. Holofernes möge klug sein und von der Bekämpfung dieses Volkes Abstand nehmen, solange es nicht vor seinem Gott schuldig geworden sei. Achiors Rede erregt den Widerspruch der Großwürdenträger des Holofernes.

6,1-21 Holofernes selbst bezeichnet Achior spöttisch als Prophet. Israels fundamentales Bekenntnis: Wer ist Gott außer Jahwe? (Ps 18, 32) kehrt er um zu der vermessenen Frage: Wer ist Gott außer Nebukadnezar? Dazu parodiert er in den Versen 2 und 9 Äußerungen Jahwes. Mit Siegesgewißheit verkündet er Israels Vernichtung und Achiors Strafe; dieser soll den Israeliten ausgeliefert, aber erst dann durchbohrt werden, wenn er, *Holofernes,* Rache genommen habe an dem »Gesindel aus Ägypten«. So bezeichnet er abfällig das Gottesvolk und *verhöhnt* damit zugleich *Jahwes einstige Rettungstat.*
Die Knechte des Holofernes schleppen Achior zur Bergfeste Betylua. Die Bewohner der Stadt schleudern Steine auf ihn und bringen den gefesselten Achior zu ihrer Volksversammlung. Achiors Rede dort wird nur angedeutet. Bemerkenswert kurz, aber inhaltsreich, ist das Bittgebet, welches das Volk von Betylua spricht. Achior wird von einem der Stadtältesten ehrenvoll aufgenommen. Die Stille der Nacht benutzt man zu inständigem *Gebet um Gottes Hilfe.*

Die Bewohner Betyluas sind verzweifelt (7,1-32)

Der Angriff auf Betylua erfolgt in Etappen. Zunächst werden die Bewohner durch einen einschüchternden Aufmarsch des gewaltigen assyrischen Heeres in Schrecken versetzt. In V. 4 geben sie ihrer Ohnmacht in bildhaft-orientalischer Weise Ausdruck. Die Feuer auf den Stadttürmen sollen die benachbarten Gebiete benachrichtigen und zugleich einen feindlichen Nachtangriff verhindern. Am folgenden Tag läßt Holofernes die gesamte Reiterei ausrücken, eine Maßnahme, die bei den im Reiterkampf ungeübten Israeliten große Bestürzung auslöst. Die von jeher gegenüber Israel feindselig eingestellten Edomiter, Moabiter und Küstenbewohner raten zur Besetzung der Wasserquellen und Aushungerung der Eingeschlossenen.
Die Not erreicht nach 34 Tagen ihren Höhepunkt. Die Zahl 34 ist im Hinblick auf die symbolische Zahl 40 gewählt: zählt man nämlich zu 34 Tagen der Not noch auf die 5 Tage befristete Wartezeit für Jahwes Hilfe, so ergibt sich der 40. Tag als der Zeitpunkt der Rettung. Männer und Frauen machen den Ältesten bittere Vorwürfe, weil sie nicht mit den Assyrern verhandeln wollen. In ihrer Ausweglosigkeit meinen sie, Gott habe sie dem Assyrer zur Bestrafung ausgeliefert und es gelte jetzt nur noch, das nackte Leben zu retten. Auch das Vertrauen der Ältesten auf Gottes Hilfe ist befristet; wenn sich innerhalb von 5 Tagen die Rettung nicht ereignet, wollen sie die Kapitulation anbieten. Offensichtlich möchte der Autor mit dieser Schilderung das *ungerechte Verhalten des Gottesvolkes* tadeln, das seinen Ausdruck findet in der Auflehnung gegen die Führer, in einer theologisch falschen Deutung der Geschehnisse und in der verzweifelten Herausforderung Jahwes.

Judit entschliesst sich, ihr Volk zu retten (8,1-36)

Durch eine kurze Biographie wird Judit, die Heldin des Buches, *vorgestellt.* Ihr Name bedeutet »Jüdin«. Sie ist eine nicht unvermögende Witwe; denn ihr Mann Manasse war vor 40 (!) Monaten an einem Hitzschlag gestorben und hatte ihr einen reichen Besitz hinterlassen. Der Verfasser hebt lobend hervor, daß die gottesfürchtige Judit mit einem Mann aus dem gleichen Geschlecht verheiratet war und daß sie als Zeichen ihrer Trauer ein Leben der Zurückgezogenheit, der Buße und des strengen Fastens führte.

Bei ihrem hohen Ansehen darf sie es wagen, die Stadtältesten zu sich zu bitten und sie wegen ihrer Überheblichkeit und »Versuchung Gottes« zu tadeln. Sie rügt, daß sie der göttlichen Hilfe eine Frist gesetzt haben und dadurch eine allzu menschliche Auffassung von der unendlichen Weisheit Gottes bewiesen hätten. Es gelte vielmehr, sich in vertrauensvollem Gebet an Jahwe zu wenden; denn es bestehe tatsächlich die *Möglichkeit einer Rettung, da Israel jetzt nicht mehr* wie in früheren Zeiten *dem Götzendienst verfallen sei.* Zu diesem Vertrauen seien die Bewohner Betyluas – angesichts der strategisch wichtigen Lage ihrer Stadt – um so mehr verpflichtet, da ihr Versagen dem Feind den Weg nach Jerusalem und damit zum Heiligtum freigebe. Sie hätten also eine ehrende und religiöse Aufgabe und sollten dafür Gott danken. Ihre derzeitige Situation sei eine Prüfung Jahwes, der schon die Urväter in ähnlicher Weise erprobt habe.

Der Stadtvorsteher Ozias gibt die Berechtigung des Tadels zu. Er erblickt die Rettung einzig in einem – angesichts der Jahreszeit – nur durch ein Wunder Gottes bewirkten Regen. *Judit aber deutet einen eigenen Rettungsplan an,* »wovon die Kunde bis zu den spätesten Geschlechtern die Kinder unseres Geschlechtes erreichen wird« (V. 32). Diese gewählte Formulierung läßt Jahwe als den eigentlich Handelnden erkennen. Mehr teilt Judit von ihrem Vorhaben nicht mit, um jeglichen Verrat auszuschließen. Der Segenswunsch der Stadtältesten bedeutet für Judit zugleich die Erlaubnis, noch in der kommenden Nacht die Stadt zu verlassen.

Judit betet (9,1-14)

Judit spricht vor der Ausführung ihres Entschlusses ein Gebet. Zum Ausdruck ihrer Demut und Bußgesinnung berührt sie mit ihrem Antlitz den Boden, streut Asche auf ihr Haupt und legt ihr Bußgewand bloß durch Öffnung des darüber getragenen Kleides. Sie betet zu der Zeit, da im Tempel das Abendopfer dargebracht wird, und vereinigt sich so gleichsam mit dem Gebet der ganzen Gemeinde Israels.

Das Gebet beginnt mit der in Gen 34 berichteten Begebenheit: Judit will gleichsam die ›Heldentat‹ ihres Stammvaters Simeon nachahmen, der zusammen mit seinem Bruder Levi die Schändung seiner Schwester Dina am Kanaanäer Sichem und den Bewohnern der Stadt blutig gerächt hatte. Sie verwendet jedoch die biblische Erzählung in einer freien Form: Das Wort des Erzählers »es soll nicht sein« macht sie zu einem Jahwewort; überhaupt erscheint Simeons Rachetat als ein Strafgericht Gottes, auf das sich die Kinder Israels durch Gebet vorbereiten und das sie im Eifer für Jahwe vollziehen. *Judit wendet sich an Gott als den Herrn der Geschichte*, vor dem sich die Ereignisse mit der Pünktlichkeit gehorsamer Diener zur Stelle melden. Sie appelliert an den Herrn, der Kriege vertilgt; er möge doch die wohlgerüsteten und hochmütigen Assyrer schlagen, deren abscheulichste Freveltat darin bestehen wird, daß sie – entgegen dem Verbot von Ex 20,25 – den Opferaltar mit eisernen Geräten bearbeiten und ihn schänden, indem sie an seinen Ecken die vier Hörner abhauen.

Sodann bittet Judit um Kraft für ihr eigenes Unternehmen, das sie durch den Ausdruck »trügerische Lippen« andeutet und das auf die Vernichtung der Feinde zielt. Diesmal ruft sie – indem sie sich einen zentralen Gedanken der alttestamentlichen Botschaft zu eigen macht – den Gott an, der den Schwachen hilft. Sie wandelt dieses Motiv fünfmal ab, so wichtig erscheint es ihr. Abschließend faßt sie vor dem Gott Israels und dem Schöpfer aller Dinge ihre vorhergehenden Bitten nochmals zusammen und nennt als eindringlichsten Beweggrund zur Erhörung die Bedrohung des Bundes und des Zionsheiligtums.

Judit geht ins assyrische Lager (10,1-23)

Nachdem Judit sich durch Gebet vorbereitet hat, pflegt und schmückt sie ihren Körper, um durch ihre Schönheit die Assyrer zu betören. Sie nimmt einen Reisevorrat an Speisen mit, um sich an den heidnischen Speisen nicht verunreingen zu müssen. Der Verfasser deutet das an durch die »reinen« Brote, womit er wahrscheinlich solche meint, die nicht aus zweierlei Mehl gebacken sind. Als Judit mit ihrer Magd am Stadttor ankommt, bewundern die Ältesten ihre Schönheit und entlassen sie mit einem Segenswunsch, während Judit durch eine tiefe Verneigung ihr Amen dazu spricht.

In der Talebene wird sie von den assyrischen Vorposten angehalten und ordnungsgemäß nach Person, Woher und Wohin gefragt. Judit beginnt jetzt mit der ersten Täuschung ihrer wohldurchdachten Kriegslist: Sie gibt an, aus Betylua geflohen zu sein, um Holofernes den Weg ins Bergland zu zeigen. Die Männer schenken ihr Glauben, nicht zuletzt wegen ihrer Schönheit, und stellen eine Hundertschaft zusammen, die sie vor Holofernes führen soll. *Judits Schönheit* steht auch in der zweiten Stufe dieses Erzählabschnitts im Vordergrund. Diesmal wirkt sie auf die Soldaten, die von allen Seiten neugierig zusammenlaufen und in ihrer Art von der Vernichtung der jüdischen Männer reden, um solche Frauen ganz gewinnen zu können. Schließlich wird Judit in das Vorzelt des Holofernes geführt. Holofernes selbst hatte sich im inneren Zelt zur Ruhe gelegt. Das kostbare Mükkennetz wird eigens erwähnt, weil es in der weiteren Erzählung noch eine Rolle spielt. Holofernes kommt in das Vorzelt, Judit huldigt ihm, und zum dritten Mal wird die bezaubernde Wirkung ihrer Schönheit hervorgehoben.

Judit redet vor Holofernes (11,1-23)

Nachdem Holofernes seine Gutmütigkeit beteuert und Judit Mut zugesprochen hat, beginnt sie mit ihrer Rede. In echt orientalischer Unterwürfigkeit bezeichnet sie sich als Sklavin und Magd. *Doppeldeutig* ist ihre Versicherung in V. 6, Gott werde in vollkommener Weise mit Holofernes ein Werk tun. Judit meint den Untergang des Holofernes und seines Heeres, dieser dagegen die Vernichtung der Juden. Auch der Satz »mein Herr wird nichts von seinen Plänen mißlingen sehen« kann doppelsinnig verstanden werden, insofern Judit unter dem »Herrn« Gott versteht, Holofernes dagegen das Wort als an sich gerichtete Anrede auffaßt. In Anlehnung an Jeremia (27,6; 28,24) und Daniel (2,38) beschreibt sie die Universalität der Herrschaft Nebudaknezars, indem sie Holofernes schmeichelt mit der Behauptung, dies alles sei eigentlich das Werk seiner Klugheit und Leistung.

Im Gegensatz zu Achiors Rede gelingt es Judit, Holofernes davon zu überzeugen, daß Gott nicht mehr mit ihrem Volke sei. Zur Begründung erzählt sie die recht glaubwürdige Geschichte, *die Belagerten beabsichtigten, sich* in ihrer Not gegen die Speisegesetze und das Zehntgebot *zu versündigen,* indem sie unreine Tiere und die Gaben für die Priester verzehren wollten. Um Holofernes von der Schwere des Vergehens zu überzeugen, fügt Judit in übertriebener Rede hinzu, die Opfergaben dürften nicht einmal angerührt werden, die Jerusalemiter hätten die gleiche Sünde begangen und einen Erlaß der Schuld gebe es nicht. Die Wendung in V. 16 »Gott hat mich gesandt, um mit dir Taten zu tun, über die jeder . . . außer sich sein wird« ist wieder doppelsinnig: Judit denkt an den Tod des Holofernes, dieser jedoch an seinen künftigen Sieg.

Judit möchte bei Holofernes bleiben, um ihm den zum Angriff günstigen Zeitpunkt zu verraten. Dieser trete dann ein, wenn die Sünde in Betylua geschehen sei. Doch nur im nächtlichen Gebet erfahre sie jenen Augenblick der Preisgabe des Volkes durch Jahwe. Zum Schluß

stellt sie Holofernes den Siegeszug nach Jerusalem unter ihrer Anführung in verlockender Weise vor Augen. Die Jerusalemiter werden dann dem Feind ausgeliefert sein, da Jahwe nicht mehr ihr Hirt und Schützer ist, sie werden einem Hund gleichen, der nicht mehr zu bellen wagt.
Judit hat den Feldherrn mit ihrer Rede betört. Er ist ihrer Täuschung vollständig zum Opfer gefallen. Nicht ohne Ironie läßt der jüdische Erzähler das in der Antwort des Holofernes durchklingen: »Gott hat wohlgetan, dich vor dem Volke herzusenden, auf daß in unseren Händen die Macht, bei denen aber, die meinen Herrn verachtet haben, das Verderben sei«.

Nach einem Gelage tötet Judit den Holofernes (12,1-13,10)

12,1-9 Judit hat in der Schatzkammer des Holofernes ihr eigenes Gemach. Der Verfasser läßt sie durch treue Gesetzesbeobachtung die für Jahwes Eingreifen günstigen Voraussetzungen schaffen: Sie ißt nur von den reinen Speisen, die sie mitgebracht hat. Die einwendende Frage des Holofernes, woher diese Speisen beschafft werden sollen, wenn der Vorrat aufgebraucht ist, findet wiederum eine doppeldeutige Antwort: »Deine Sklavin wird, was ich bei mir habe, nicht aufzehren, bis der Herr durch mich tut, was er beschlossen hat«. Im Morgengrauen geht sie zur Wasserquelle, um sich durch ein Bad kultisch zu reinigen von etwaiger Befleckung durch die heidnische Umgebung. *Anschließend betet sie zum Herrn um das Gelingen ihres Vorhabens,* und sie fastet – sicherlich zur Unterstützung ihres Bittgebetes – bis zur Abendmahlzeit.
12,10-20 Der Eunuch Bagoas bittet im Auftrag des Holofernes Judit, an einem Gelage im engsten Kreis teilzunehmen und wie eine junge Assyrerin zu werden, die im Harem des Königs seiner Leidenschaft dient. Judit sagt mit höflichen Phrasen zu, und Bagoas bleibt die Doppelsinnigkeit ihrer Worte verborgen: »Es soll mir das eine Freude sein bis zum Tag meines Todes«. Aus der Stimmung des Holofernes bei Judits Ankunft macht der Erzähler keinen Hehl: Die Häufung der Ausdrücke unterstreicht die Heftigkeit seines Begehrens. Holofernes fordert die Heldin zum Trinken auf, und sie erwidert voller Ironie, das Leben sei ihr heute wertvoller geworden als alle Tage zuvor. Der Gastgeber stößt sich nicht daran, daß Judit nur von den eigenen Speisen und Getränken zu sich nimmt. In seiner übergroßen Freude gibt er sich vielmehr maßlosem Trunke hin.
13,1-10 Zu später Stunde entfernt Bagoas alle Personen aus dem Zelt des Holofernes und schließt es von außen ab, indem er die Teppiche herabläßt. Während *Judit* sich mit dem betrunkenen Assyrer

allein im Zelt befindet, *betet* sie, *daß ihre Rettungstat zur Erhöhung Jerusalems beitragen möge,* d. h. daß Jerusalem als Sitz der Königsherrschaft Jahwes den Triumph über das heidnische Königtum erlebt. *Dann führt sie den Mordplan aus.* Sie muß zweimal mit dem Schwert zuschlagen, um das Haupt des Holofernes vom Nacken abzutrennen. Es ist schwer zu entscheiden, ob der Autor durch den Doppelhieb den schmachvollen Untergang des Gewaltmenschen oder das physische Ungenügen der Frau veranschaulichen will. Den toten Körper wälzt sie vom Lager, damit man das Fehlen des Hauptes nicht so schnell bemerke. Als Beweisstück nimmt sie das Haupt und das Mückennetz mit. Unbehelligt kann sie mit ihrer Magd den Berg in Richtung Betylua hinaufsteigen.

Judit kehrt glücklich nach Betylua zurück (13,11-14,10)

13,11-20 *»Mit uns ist Gott, unser Gott«.* Dieses erste Wort, das Judit den Torwächtern von Betylua zuruft, ist *ein Bekenntnis zur unwandelbaren Treue des Gottes Israels.* Knapp und anschaulich erzählt der Verfasser sodann das Staunen der Einwohner der Stadt über Judits unverhoffte Rückkehr. Die Heldin, deren Tun vom Vertrauen auf Gott getragen ist, beginnt ihren Bericht mit der Aufforderung zum Lobe Gottes. Sie übergeht taktvoll die Einzelheiten ihrer Tat, zeigt lediglich die beiden Beweisstücke, das Haupt des Holofernes und sein Mückennetz, und erwähnt den Schutz ihrer Frauenehre durch Gott. Ein Lobspruch auf den Rettergott ist die Antwort des Volkes. Der Stadtvorsteher Ozias würdigt Judits Verhalten: Immer wenn man von Gottes Machttaten spreche, müsse man auch an ihr Gottvertrauen denken; sie habe für ihr Volk ihr Leben gewagt, das müsse ihr zu ewigem Ruhm gereichen. Mit einem doppeltem Amen bestätigt das Volk die Worte des Ozias.

14,1-10 Die kluge *Judit* vergißt nicht die Forderung des Augenblicks, sie *gibt militärische Anweisungen.* Das Haupt des Holofernes soll als Siegestrophäe an der Stadtmauer aufgehängt werden. Ein Scheinangriff soll das assyrische Heer alarmieren und zur Entdekkung des ermordeten Feldherrn führen. Die dadurch entstandene allgemeine Verwirrung und Flucht sollen die Israeliten zur Verfolgung ausnützen.

Hier schaltet der Verfasser noch die *Achiorepisode* ein. Als man dem Ammoniter das Haupt des Holofernes zeigt, fällt er in Ohnmacht, so erschüttert ist er über das Handeln des Gottes Israels. Es wird weiter berichtet, Judit habe eine ausführliche Darstellung über ihre Rettungstat gegeben, und Achior habe sich daraufhin in die Gemeinde Israels aufnehmen lassen. Man betrachtet also offenbar das Gesetz von Dtn 23,4 wonach Ammoniter nicht zur Gemeinde Israels kommen dürfen, als Ausdruck bestimmter geschichtlicher Verhältnisse. Im übrigen ist in den Erzählungen der Spätzeit das Motiv von der Bekehrung des gottesfürchtigen Heiden sehr beliebt.

Die Israeltten siegen über die Assyrer (14,11-15,7)

Die entscheidende Hilfe Gottes ereignet sich, wie öfter in Israels Geschichte, *am Morgen.* Der von Judit entworfene Kriegsplan wird in Szene gesetzt. Der Verfasser schildert äußerst lebhaft die Benachrichtigung über den assyrischen Instanzenweg, die höhnische Siegesgewißheit der Offiziere, die fürchterliche Entdeckung des Bagoas, die üblichen Trauergebärden und die von Furcht und Zittern befallenen Soldaten, die sich in wilder Flucht über alle Wege der Ebene und des Berglandes ergießen. Es fällt auf, daß keiner der assyrischen Führer die Initiative ergreift, um die Truppen zu beruhigen oder zum Angriff zu formieren. Offensichtlich will der Verfasser hier die Wirkung des sogenannten Jahweschreckens darstellen, der den Widerstandswillen des Gegners angesichts des helfenden Eingreifens Jahwes erlahmen läßt. Ganz Israel von Jerusalem bis nach Galiläa beteiligt sich an der Verfolgung und Aufreibung des Feindes bis in das Gebiet von Damaskus. Die reiche Beute gehört natürlich zur Vollständigkeit des Sieges.

Judit wird geehrt und stimmt den Lobgesang an (15,8-16,25)

15,8-14 Der Hohepriester Joakim, der Organisator des gesamten Widerstandes (4,6), und mit ihm der Ältestenrat kommen von Jerusalem, um Judit zu beglückwünschen. Sie umschreiben den Triumph Israels mit Prädikationen, die *Judits Tat als eigentliche Gottestat* erkennen lassen. Durch die nochmals erwähnte langdauernde Plünderung des Lagers soll die Größe des Sieges deutlich werden. Das Volk erweist Judit eine hohe Ehrung, indem es ihr die Stätte ihrer Rettungstat, nämlich das Zelt des Holofernes samt seinem kostbaren Zubehör schenkt. Nach einem Reigentanz der Frauen zieht Judit allem Volk in einer Art Siegesprozession voraus und stimmt – ähnlich wie einst Mirjam (Ex 15,20f) – einen Lobgesang auf Jahwe an.
16,1-17 Nach der vierfachen Aufforderung zum Gotteslob, wobei als Musikinstrumente Handtrommeln und tellerartige Metallplatten (Zimbeln) erwähnt werden, gibt V. 2 *das eigentliche Thema* an: *Gott, der Kriege vernichtet* (9,7), *hat Judit »in sein Lager inmitten des Volkes« gerettet.* Der Ausdruck »Lager inmitten des Volkes« stammt

aus der Zeit der Wüstenwanderung und steht hier bildhaft für die besondere Geborgenheit bei Jahwe. Es folgt in den Versen 3-12 eine hochpoetische Darstellung der feindlichen Bedrohung. Assur kommt mit einem gewaltigen Heer von Norden, aus der Himmelsrichtung, in der für israelitisches Denken das Unheil beheimatet ist. Den widergöttlichen Hochmut des Feindes beleuchtet die Wendung »Israels Berge verbrennen«, denn das Verbrennen der Berge ist Sache des Gerichtes Gottes (Dtn 32,22; Ps 83,15). Jahwe aber schlägt die Feinde in einer beschämenden Weise: Die Schönheit einer schwachen Frau besiegt »Perser und Meder«. Der Dichter will mit diesem Anachronismus andeuten, daß er *nicht einen bestimmten, historischen Feind meint, sondern das gottfeindliche Heidentum überhaupt.* In der ersten Hälfte der drei Glieder des V. 11 ist Israel Subjekt, in der zweiten Hälfte sind es die Feinde. V. 12 ist wohl folgendermaßen zu übersetzen: Wie Söhne von Mägden durchbohrte man sie, wie entlaufene Sklaven stieß man sie nieder, sie kamen um durch die Schlachtreihe meines Herrn. *Der Schlußteil des Hymnus besingt Gottes Macht in Schöpfung und Gericht,* zum Teil in fest geprägten Wendungen (Ps 33,6.9; 104,30; 18,8.16; 97,5). Das Wanken der Berge und das Schmelzen der Felsen wie Wachs sind Begleiterscheinungen des göttlichen Gerichts. Neben Gottes Macht steht aber auch seine Güte, die denen zuteil wird, die ihn fürchten; denn nicht durch Opfer und Kult allein kann man Gott gnädig stimmen. Das gottesfürchtige Israel erlebt Jahwes rettende Huld, die Israel feindlich gesinnten Heidenvölker aber wird Gott bestrafen. Diese Strafe ist durch ein Bild aus Jes 66,24 umschrieben.

16,18-25 Die *Nachfeier des Sieges geschieht am Heiligtum zu Jerusalem.* Durch die lange Dauer von drei Monaten wird die Bedeutung der Feier hervorgehoben. Der Ritus der Reinigung erklärt sich aus der Berührung mit den Leichen und der Beute des feindlichen Lagers. Ausdrücklich wird Judits Weihegeschenk erwähnt, durch das sie *Jahwe als den eigentlichen Retter des Volkes ehrt.* Judit kehrt mit ihren Landsleuten nach Betylua zurück. Sie erreicht ein hohes Alter, was als Lohn für ihre Gesetzestreue aufzufassen ist. Nach ihrem Tod wird sie – alter Sitte gemäß – neben ihrem Gatten begraben. Etwaige Erbschaftsstreitigkeiten hatte sie durch gerechte, vorsorgliche Verteilung ihrer Habe ausgeschaltet. Das Buch endet mit dem Hinweis auf die – von Jahwe geschenkte – Ruhe des Landes.

Stuttgarter
Kleiner Kommentar - Altes Testament

Für die Reihe sind 24 Hefte vorgesehen. Sie alle wenden sich an Leser, die keine bibelwissenschaftlichen Vorkenntnisse mitbringen. Jedes einzelne Buch des Alten Testaments wird durch eine Einleitung und durch einen ausführlichen Textkommentar erklärt.

Das gesamte Werk ist folgendermaßen aufgebaut:

1 Genesis 1-11
2 Genesis 12-50
3 Exodus – Numeri – Levitikus
4 Deuteronomium
5 Josua – Richter – Rut
6 1/2 Samuel
7 1/2 Könige – 1/2 Chronik
8 Esra / Nehemia – 1/2 Makkabäer
9 Jesaja I
10 Jesaja II/III
11 Jeremia – Klagelieder – Baruch
12 Ezechiel
13 Daniel
14 Hosea – Amos – Micha
15 Zefanja – Nahum – Habakuk – Jona – Obadja
16 Sacharja – Joel – Haggai – Maleachi
17 Tobias – Ester – Judit
18 Ijob
19 Sprüche – Sirach
20 Weisheit
21 Prediger – Hohes Lied
22 Psalmen
23 Wie ist das Alte Testament entstanden?
24 Maße, Gewichte, Personen, Orte, Karten, Überblick über die Geschichte Israels

VERLAG KATH. BIBELWERK, STUTTGART,
SILBERBURGSTRASSE 121 A